На виду у миллионов

K-POP
Love story

На виду у миллионов

Москва
2020

Издание для досуга *Демалысқа арналған баспа*
Литературно-художественное издание *Әдеби-көркемдік баспа*

Серия «K-POP: Лучшие книги для ARMY»

K-POP. LOVE STORY. НА ВИДУ У МИЛЛИОНОВ
K-Pop — Love Story — Sous les projecteurs

(Орыс тілінде)

Перевод с английского М. Н. Приморской

Ответственный редактор *Е. А. Меркурьева*
Художественный редактор *О. И. Туркунова*
Компьютерная вёрстка *И. А. Панюшкиной*
Корректор *Л. П. Баскакова*

ООО «Издательство «Эксмо»
123308, Москва, ул. Зорге, д. 1. Тел.: (495) 411-68-86, 956-39-21.
Home page: **www.eksmo.ru** E-mail: **info@eksmo.ru**

Оптовая торговля книгами «Эксмо»:
123308, Москва, ул. Зорге, д. 1. Многоканальный тел. (495) 411-50-74.
E-mail: **reception@eksmo-sale.ru**

Сведения о подтверждении соответствия издания согласно законодательству РФ о техническом регулировании можно получить по адресу: **http://eksmo.ru/certification/**

Өндірген мемлекет: Ресей Өндіруші: «ЭКСМО» АҚБ Баспасы,
123308, Мәскеу, Ресей, Зорге көшесі, 1 үй.
Тел. 8 (495) 411-68-86, 8 (495) 956-39-21 Home page: www.eksmo.ru. E-mail: info@eksmo.ru.
Қазақстан Республикасында дистрибьютор және өнім бойынша арыз-талаптарды қабылдаушының өкілі «РДЦ-Алматы» ЖШС, Алматы қ., Домбровский көш., 3 «а», литер Б, офис 1.
Тел.: 8(727) 2 51 59 89,90,91,92, факс: 8 (727) 251 58 12 вн. 107; E-mail: RDC-Almaty@eksmo.kz
Тауар белгісі: «Эксмо»
Өнімнің жарамдылық мерзімі шектелмеген.
Сертификация — қарастырылған
Сертификация туралы ақпарат сайтта: **http://eksmo.ru/certification/**

Произведено 11.12.2019. Срок годности не ограничен
Подписано в печать 11.11.2019. Формат 60 × 82 $^1/_{16}$. Гарнитура Myriad Pro.
Печать офсетная. Бумага офсетная. Усл. печ. л. 4. Тираж 5000 экз. Заказ №11420.

Отпечатано в России.
АО «Первая Образцовая типография», филиал «Ульяновский Дом Печати»
432980, Россия, г. Ульяновск, ул. Гончарова, 14

ББК 784(519.5)
УДК 85.318(5Кор)

ISBN 978-5-04-106670-3

12+

Продукция соответствует требованиям ТР ТС 007/2011 «О безопасности продукции, предназначенной для детей и подростков».

Глава 1
Концерт

Зоэ: «Элисаааа!!! Ты меня, конечно, послала, но мы с девчонками все-таки перелезли через стену. Мы сзади, у выхода Z1. Открой нам!!! Скорее!!! Плиз!!»

Элис застывает, уставившись в только что открытое сообщение в Мессенджере.

«Она что, шутит?»

Не могла Зоэ так с ней поступить.

Девушка все еще в замешательстве, когда на экране вдруг всплывает:

Зоэ: «Элисааа!!! Шевелись! Нас вот-вот охрана сцапает! Давай!!!»

«Нет, похоже, не шутит…»

Так, надо просто притвориться, что ничего не читала, и подождать, пока Зоэ отстанет. Закрыть приложение и сделать вид, что не заметила бутылку с запиской, которую бросила в воды интернета ее кузина. Вот самое разумное решение.

Тут за кулисами так спокойно, только лучики желтоватого света падают откуда-то с потолка.

Зоэ: «Не делай вид, что тебя тут нет. Твоя фотка в кругляше уже в самом низу разговора!».

«Черт».

Вздохнув, Элис разворачивается и идет назад. Она собиралась присесть на минутку, выпить воды и перевести дух перед сумасшедшим вечером, а теперь вместо этого придется отчитывать кузину. Вот уже битый час Элис носится туда-сюда с кофе, забытыми документами, микрофонами, батарейками для этих микрофонов… словом, со всем тем, без чего шоу, которое начнется через час, не станет лучшим из лучших.

Последняя репетиция закончилась пять минут назад, и рация наверняка скоро примется трещать без умолку. Зоэ сейчас совсем некстати. Элис и так расстроена тем, что не удалось хоть на секунду пролезть к сцене, чтобы посмотреть, как ее любимая K-pop группа 7X готовится к предстоящему выступлению. Она смогла увидеть их только мельком, издалека: руки, взмывающие в воздух, ботинки, ноги в концертных брюках. Выглядывая из-за кулис, Элис попыталась угадать кто есть кто по цветным прядям волос, но сценический свет спутал все краски.

Приближаясь к выходу Z1, девушка все больше злится на кузину.

Эта просьба Зоэ уже не лезет ни в какие рамки. Провести ее на концерт 7X через кулисы Арены! Если их поймают, Элис тут же вышвырнут вон, а ей так нужна эта работа. Ничего не поделать: хочешь платить за учебу — крутись как можешь. Зоэ такого не понять, ее-то родители всегда поддерживают, учится на юридическом за их счет. Элис и так неловко, что Зоэ приютила ее на съемной квартире, так что она хочет хотя бы сама заплатить за учебу в следующем году.

Пока она толкает тяжелую дверь, ее телефон гудит не переставая, разрываясь от сотен сообщений и отчаянных призывов о помощи.

— Всё, Зоэ, хватит! Я тут! Но давай сразу: сюда ты не войдешь, вопрос закрыт.

Элис не удивить этим жалобным личиком, которое кузина умела состроить, зная, что никто не устоит перед ее розовыми щечками и большими карими глазами, в которых еще не угасли искорки детства.

— Элис, ну не вредничай!

— Я не вре… Ты хочешь, чтобы я без работы осталась?!

— Ой, да никто ничего не заметит! Давай, пропусти нас.

Элис вздыхает. Она не может сопротивляться Зоэ, это ясно. Особенно когда та смотрит на нее глазищами кота из «Шрэка». Однажды Элис все-таки придется спросить себя, почему она вечно позволяет сестре втянуть ее в какую-нибудь историю. Из-за чувства долга? Из-за того, что Зоэ — почти вся семья, которая у нее еще осталась? С тех пор как родители умерли, Элис нашла в ней опору. Кузина терпеливо выдерживала ее хандру, помогала встать на ноги, не давила, чувствуя, что она все еще не может полностью открыться.

— Давай же! — упорствует Зоэ, пока Элис продолжает сомневаться.

— Ты даже не представляешь, чем я из-за тебя рискую!

— Но такая возможность выпадает раз в сто лет! А если вылетишь с работы, моментально найдешь новую, даже еще лучше.

— Если бы все было так просто.

Напряжение нарастает. Элис оглядывается вокруг. Надо срочно убедить кузину отказаться от задуманного. Зоэ напирает, широко улыбаясь.

— Проще некуда! Может, тебе деньжат подкинуть? Мама с этим разберется в два счета.

— Не нужны мне ее деньги!

— Она же твоя тетя! — возмущается Зоэ. — Все нормально, ты чего? Ладно, проехали. Мы незаметно прошмыгнем — и готово. К тому же, через стену мы уже перелезли. Будем возвращаться — точно попадемся. Чудо, что нас раньше не сцапали.

— Меня это не касается!

Элис уже почти захлопнула дверь перед самым носом кузины, как вдруг неподалеку раздается собачий лай. Вздрогнув, Зоэ смотрит на сестру распахнутыми от ужаса глазами. Пульс Элис учащается, ее бросает в жар, кровь стучит в висках. Испугавшись, что группка девушек у выхода привлечет внимание охраны, она не раздумывая открывает дверь.

И тут же жалеет об этом, но четверо уже успели проскользнуть, прижимая Элис к стене.

— Эй, Зоэ! Ты не говорила, что вас там столько! И вообще, когда ты мне выдала свой план, я сразу четко сказала: нет! Серьезно, это не круто!

Тон Элис просто ледяной. Времени почти не остается. Чем дольше они остаются в этом тесном коридоре, тем больше рискуют. Поток прохладного воздуха с улицы проходит по ногам, вызывая мурашки.

Но Зоэ подмигивает кузине и чмокает ее в щеку.

— Не будь букой! Мы все равно уже тут. Прекращай дуться, а?

— Нет, — бурчит Элис, захлопывая за ними дверь.

Зоэ с тремя подругами уже бегут по узкому коридору, ведущему за кулисы. Элис открывает рот в беззвучном и бесполезном крике. Если они заявятся туда без бэйджа, ее точно уволят.

Взволнованные девочки не обращают на нее никакого внимания и удирают, исчезая за поворотом.

— Нет! — уже не ворчит, а стонет Элис.

Пустившись вдогонку по коридору, она хватается за голову, представляя гору проблем, которая свалится на нее совсем скоро. Когда Элис добегает до угла, за которым скрылась Зоэ, становится ясно: она опоздала. Подружки испарились без следа. В отчаянии она прислоняется к стене, прижимаясь головой к твердой поверхности, и закрывает глаза. Надо сначала успокоиться, а потом попытаться придумать хоть какой-то план. Паника еще никому не помогала. Чтобы немного отвлечься, она сосредотачивается на том, как привычно пахнет за сценой Арены: металлическими элементами помостов, разных конструкций, и затхлостью.

Несколько минут Элис стоит неподвижно и только дышит, понемногу успокаивая бешеный стук сердца, а затем снова задумывается. Как же выбраться из этой засады? Сначала отыскать Зоэ, пока она не попалась. А дальше — припереть ее к стенке, на лестнице или еще где, и вправить мозги.

Вздохнув, Элис открывает глаза. Времени совсем мало.

Но едва оторвавшись от стены, чтобы снова пуститься бежать, она вдруг замирает. В коридоре кто-то есть. Один из участников 7X стоит в нескольких шагах, спиной к ней. Слишком длинные рукава кофты доходят до середины ладоней. Пальцы он запустил в волосы, перебирая синие пряди.

Сердце Элис пропускает удар. Свет в коридоре довольно тусклый; кто это? Хиджун, рэпер?

«Только не он, не может быть».

«Если все-таки может и он сейчас обернется, я умру на месте».

Ее любимый участник. Со времен их трио с Соном и Чанмином. Слова той песни глубоко тронули ее после того, как родители погибли в ужасной автокатастрофе.

Нет ничего страшнее, чем отказаться вновь
мечтать. Я знаю.
И все же не способен до сих пор.
Снова мечтать — для меня это невозможно.

Тот голос, что словно шептал ей на ухо, когда вечером, лежа в кровати, она закрывала глаза, которые щипало от слез. Ритм его речитатива совпадал с ударами ее сердца.

Я все еще на Земле только потому, что у меня
нет иного выбора.
Остальные движутся дальше, а я застрял здесь.

Потеряв любимых родителей, она тоже чувствовала себя застрявшей на Земле. Элис не предполагала, что чей-то голос может ее так взволновать. Этой песней Хиджун говорил с ее душой напрямую.

У меня больше нет мечты, что поможет мне двигаться дальше.

Теперь ничто не мешает не трогаться с места.

Я застыл без мечты, что поможет мне двигаться дальше.

Молодой певец, стоящий в нескольких метрах от нее, плавно оборачивается. Да, это точно Хиджун. Его раскосые глаза фокусируются на ней. Медленно. Время будто замирает, когда их взгляды встречаются. Элис даже не может сделать вдох; кажется, стоит воздуху наполнить легкие — и связь оборвется.

Элис замирает, а он приближается к ней. Еще и еще. С каждым его шагом ее сердце бьется все чаще. Сильнее и быстрее, чем только что. Она не может насмотреться на него вживую: эти высокие скулы, твердый подбородок, полные губы. Нет, это не просто чувство, порожденное встречей со звездой, певцом, которого ей нравится слушать. А гораздо больше. Словно землетрясение, антигравитация или вселенский взрыв. То, что не дает ей вынырнуть из этого взгляда темных глаз, которые сияют все ярче, приближаясь к ней, словно огни, сжигающие ее дотла.

Удары сердца звучат все громче, поднимаются вдоль шеи, словно охватывают горло, отдаются в ушах. Элис никогда не испытывала ничего подобного. Она приоткрывает рот, чтобы вдохнуть воздух, которого вдруг стало не хватать, и попытаться совладать с телом, которое ее не слушается. А он, Хиджун, все ближе к ней, ближе. И с каждым шагом она чувствует, что все меньше принадлежит себе, отдаваясь притяжению его взгляда.

«Он хоть понимает, что творит со мной?»

На расстоянии не больше метра от нее он останавливается. Сердце Элис будто заполняет всю грудь. Кровь приливает к лицу. Надо что-то сказать. Срочно. Электрические разряды пробегают по телу. Ноги грозят подкоситься в любой момент. Главное не упасть в обморок и не превратиться в лужицу. Не обязательно блистать остроумием, достаточно просто поздороваться. Только бы не выставить себя дурой.

Здравствуйте, добрый вечер, хоть что-нибудь!

Сейчас или никогда!

Ну же!!

— Здрасьте.

Здрасьте?

Ее голос звучит странно, прерывая тишину мгновения, которое тянулось словно вечно.

Вот я тупица!

Хиджун приподнимает бровь, продолжая смотреть ей прямо в глаза.

Я чувствую его парфюм. Этот невероятный аромат — его парфюм, да?

Пряный, сильный, открытый.

— 나는 이해하지 못해요. (naneun ihaehaji moshaeyo)[1]

[1]Я не понимаю (*кор.*)

О чем это… что?

Ага! Он же не говорит по-французски! Точно!

«Привет» или «добрый вечер» он бы, может, и понял, а вот «здрасьте» вряд ли. Значит, я невольно не опозорилась совсем. Уже неплохо.

— 안녕하세요. (annyeonghaseyo)[1], — пролепетала Элис.

Вообще-то она гордится своим корейским, довольно неплохим для француженки, которая учит его всего два года, но из-за нервов у нее получается не речь, а противный мышиный писк.

Но Хиджун и бровью не ведет, только чуть растягивает идеальные губы в улыбке, отчего на правой щеке появляется маленькая ямочка.

Застыв, словно статуя, и затаив дыхание, Элис ждет реакции от молодого человека. И именно в этот момент синяя прядь падает Хиджуну на глаза. Он пытается откинуть ее, взмахнув головой, но она снова частично скрывает взгляд, направленный на Элис, которая всеми силами старается его разгадать.

— Hey. Are you OK[2]? — спрашивает он мягко.

— Да… yes… Sorry[3].

Она уже сама не понимает, что говорит. Теперь он точно над ней посмеется. Но вместо этого он подходит, протягивает руку, ловит темный локон, выбившийся у Элис из пучка, и заправляет за ухо. От прикос-

[1]Привет (*кор.*)

[2]Привет. Ты в порядке? (*англ.*)

[3]да… простите (*англ.*)

новения пальцев на коже остаются следы тепла, а тело словно пронизывает током: дрожь идет от затылка вниз, вдоль всего позвоночника.

— Don't be sorry[1], — тихо произносит Хиджун.

Было бы легче, если бы он промолчал. Этот мягкий, спокойный голос... Вот теперь она точно не сможет выдавить ни звука.

«Я сейчас в обморок грохнусь».

Напряжение просто убийственно. Элис не хочется, чтобы окружающий их «кокон» разрушился, но в то же время эта близость и это волнение становятся невыносимы.

Вдруг за плечом юного рэпера появляется группка безумных фанаток, и волшебство рассеивается.

— Элис! Нам надо сматываться!

В голосе Зоэ сквозит паника, и Элис понимает, что кузина наконец-то осознала всю серьезность ситуации. И испугалась. Когда Элис разрывает взгляд с Хиджуном, ее пробирает странный холод. Волшебный кокон, окутавший их, вдруг исчезает.

— Зоэ? Нет! Только не говори, что...

— Да!

Элис хочет вернуться к Хиджуну, все забыть и смотреть только на него. Но на прежнем месте его уже нет: он обошел ее и теперь удаляется быстрыми шагами. Возможно, почувствовав на себе взгляд Элис, он на мгновение оборачивается, подносит руку ко лбу и слегка кивает, прощаясь. Непослушная синяя прядь

[1]Не извиняйся (*англ.*)

снова падает на глаза, скрадывая свет, таящийся в их глубине. На короткий миг время опять замирает, словно в узком коридоре остались только он и она, и вокруг нет ни шума, ни испуганных подружек. Увы, этот миг пролетает так быстро.

В приступе паники Зоэ даже не замечает, кого только что чуть не сбила с ног. Добежав до кузины, она хватает ее за руку и резко тянет за собой.

— Бежим! Охрана совсем близко!

— Зоэ! Что случилось? Как тебя угораздило попасться так быстро? — спрашивает Элис, вслед за девочками торопясь к выходу. — Нет, не сюда. Откроем — и вас тут же схватят, а меня уволят. Сюда!

Элис указывает на заброшенную гримерку, куда теперь складывают всякий хлам, и толкает дверь, готовясь нырнуть в темноту…

Четыре девушки вваливаются в комнату, пихаясь, и чуть не падают под ноги двум мужчинам. Похоже, это вторжение грубо прервало более чем оживленный разговор.

— СОН!!! — хором пронзительно вскрикивают подружки Элис.

Лидер группы 7X замирает посреди фразы, подняв руку в воздух. Его узкие черные глаза мечут молнии из-под густых взъерошенных каштановых волос. Квадратные челюсти крепко сжаты. Прерванный разговор явно шел на повышенных тонах. Элис каменеет, стискивая дверную ручку.

Ей бы изумиться, столкнувшись лицом к лицу с кумиром, но огорчение перевешивает. На этот раз она точно попала…

Ким, продюсер 7X, немедленно вооружается рацией и раздает краткие жесткие указания. Небольшого роста, сухопарый, с бородкой, неровно покрывающей подбородок, он все же кажется довольно молодым. Пожалуй, ненамного старше ведущего вокалиста группы. Через несколько минут двое рослых парней заходят в комнату, силой выпроваживают девушек и отводят их к посту охраны. Порядок восстановлен — и ярость Кима тут же сходит на нет. Похоже, решение проблемы, созданной Соном, начинает вырисовываться, но его еще нужно доработать. Терпеливо выстроить, чтобы оно стало идеально продуманным и подходящим для выполнения задачи. А задача у него одна: продвинуть карьеру Сона, даже если ради этого придется пойти против воли певца. И сказать, что артист в последнее время не помогает ему достичь этой цели, значит ничего не сказать.

Его протеже стоит напротив, весь на нервах. Он нетерпеливо барабанит пальцами по всему, что попадется под руку — по стенам, по самому себе, по коробкам, которые тут везде.

— Почему ты сразу не выставил этих полоумных? — спрашивает Сон.

— О чем ты? Мы же говорили на корейском! Они ничего не слышали и не поняли. Чего ты боишься? Что они раструбят, мол, ты ругаешься с продюсером? Они меня даже не узнали, наверно!

— Что за игру ты ведешь?

Сон растерян.

— Помолчи. Я думаю, — отрезает Ким.

Сон мрачнеет, воздевает руки к небу и отстраняется. В комнате воцаряется тишина. Ким настолько погружается в свои мысли, что певец не выдерживает:

— Тебе хорошо думается только в моем присутствии? Или я могу идти? Мне вообще-то на сцену скоро. И еще я был бы очень признателен, если бы ты не забивал голову этой дурацкой историей…

— Этой дурацкой историей? — перебивает его Ким. — Этой дурацкой историей?

Он тут же снова впадает в ярость.

— Сон! Прекращай недооценивать ситуацию. Тебе, скорее всего, придется публично извиниться. Ты — лидер лучшей K-pop группы в стране и за рубежом, а твоя популярность среди корейских фанаток катится под откос!

Сон закусывает губу. Он понимает, что сам виноват. А ведь он стольким обязан Киму. Не зная, куда деться, певец предпринимает неловкую попытку оправдаться:

— Зато француженки меня любят. И не считают, что я им принадлежу, в отличие от кореянок, для которых я вроде мужа!

— Прекрати, ты же знаешь, как это все работает. И все-таки потребовал выкинуть несколько фанаток на улицу, словно мусор.

Сон вздыхает. Он никогда не простит себе того, что сделал. Запустив пальцы в волосы, он признает:

— Твоя правда. Я в последнее время реагирую как-то странно. Ты же знаешь, что мне очень жаль.

— Знаю.

— Но это же всего лишь слухи! — снова заводится Сон. — Кроме Ю. Да, ок, тут я прокололся. Но я ведь не встречаюсь с тремя девушками сразу! Фото размытые, там ничего толком не видно! Бред какой-то!

— И об этом я тоже знаю, — холодно отвечает Ким, продолжая о чем-то размышлять. — Так что дай мне спокойно все обдумать и найти выход, ок?

Сон снова поднимает руки, показывая, что сдается. Но внутри его кровь бурлит, и он не понимает, почему это так его задело. Конечно, слухи сопровождали его на всем протяжении карьеры, но такие — никогда. И не ясно, от чего больнее: от того, что после всех этих лет фанатки поверили, что он мог так жестоко обойтись с женщинами, или от того, что он сам вызывал сплетни своими глупыми поступками. Теперь за ним закрепилась слава бессовестного бабника. А ведь он должен воплощать образ джентльмена, идеального мужчины. «Ерунда какая-то», — со вздохом думает Сон.

— Мне очень жаль, что я связался с Ю, — бормочет он вслух.

— Глупость сделал, да, — тут же встревает Ким, все еще погруженный в размышления. — И ладно бы речь шла о женщине твоей мечты… Но эта актриска! Хуже выбрать никого не мог? Профессиональная репутация у нее просто отвратная, да и изысканными манерами она не отличается.

— Я к ней ничего не испытываю. Она просто подловила меня в момент слабости и печали.

Одно точно: Ким ради него из кожи готов вылезти. Без его поддержки Сон никогда не получил бы все, что у него есть, и он до конца дней будет благодарен другу за это. И когда Сон подводит Кима, то просто не знает, куда себя деть от стыда. Он осознает, на какие огромные жертвы продюсер шел ради него за последние годы, создавая Сону жизнь его мечты, зачастую в убыток себе… А ведь Сон еще никогда не подводил его так серьезно, как сейчас… Как же теперь загладить вину?

Но сейчас он, как всегда, просто ждет, пока Ким вытащит его из ямы, в которую Сон сам себя загнал.

— Повторяю: фото очень размытые, помнишь? — пытается он снова.

Девушку и правда нельзя толком разглядеть, но Сон не уверен, что это ему поможет, ведь зато явно видно, что он целует юную особу с вьющимися волосами. СМИ тут же слетелись на свежую тему. Всех мало-мальски знаменитых кореянок с вьющимися волосами по очереди стали выставлять в роли его «подружки». Вынырнув из потока мыслей, Ким тихо произнес:

— Возможно, такая неопределенность пойдет нам на пользу. Размытые фотографии, неизвестная девушка или девушки, с которыми ты якобы встречаешься…

— И как это поможет? — спрашивает Сон, не понимая, почему эта информация вдруг стала настолько важна для продюсера.

Ким подходит ближе, кладет руки ему на плечи и неотрывно смотрит в глаза. Сон внутренне сжимается. Порой продюсер ждет от него слишком многого. Вот бы он чуть ослабил хватку, снизил планку немного. Сону столько не нужно! Он не знает, какая извращенная идея возникла в голове Кима, но не сомневается, что придется согласиться на что-то нелегкое, чтобы загладить свою ошибку.

— Вот что я сделаю: предложу одной из девушек, которых мы задержали, поехать в Корею и стать твоей подружкой.

— Что? Но… это же ерунда какая-то! Мы разве не обратного хотим добиться?

Глубокая усталость вдруг отражается на лице Сона, а Ким тем временем продолжает:

— О нет! Смотри: девушка приезжает. Ненадолго, на месяц, от силы два. Мы признаем, что у вас с ней отношения. Показываем ее немного, иностранные фанатки, конечно, умиляются, а француженки приходят в восторг от того, что Сон — тот самый, единственный и неповторимый, о котором они мечтают, — выбрал француженку. Франция — страна романтики. Идеально! В Корее фанатки рвут и мечут, зато твой образ бабника забывается. Потом, как и другие певцы, которых застукали с возлюбленными, ты принесешь публичные извинения. Корейские поклонницы тебя простят, и эта неприятная история останется в прошлом.

Некоторое время Сон пытается осознать, что ему только что предложил Ким.

— Но это же манипуляция! Это ложь!

Сону кажется, будто его сердце ухнуло в пятки, цепенея от ужаса. Он не может так обманывать поклонников. Это слишком подло. В его глазах Ким видит панику.

— Это единственный способ спасти твою карьеру. Иначе слухи не утихнут. Времени на раздумья больше нет, пора действовать. Немедленно!

Ким отпускает плечи Сона и приподнимает локоть, слегка оттягивая рукав, чтобы взглянуть на часы.

— Все, пора. Тебе и правда надо готовиться, да и решение уже принято. Об остальном я позабочусь, а ты иди петь.

Сон еле волочет ноги по коридору. Его тошнит. От тусклых желтоватых огней голова идет кругом. Он чувствует, как теряет контроль над собственной жизнью, чувствами, честью. Стоит ли его мечта таких жертв? Но когда он приближается к гримерке, до него доносится гул голосов первых поклонниц, занимающих места у сцены. Сердце Сона поднимается из пяток и оживает.

Он будет петь для них как никогда. Он не имеет права все разрушить. Не имеет права подвести их, подвести Кима и отца. Не имеет права предать тех, кто всегда верил в него.

Сон заходит в гримерку, чтобы закончить приготовления к концерту, но его сердце вдруг сжимается от грусти. Он хватается за спинку кресла перед зеркалом. Час назад он сидел здесь рядом с гримершей. Теперь же ему кажется, что он все глубже увязает в отчаянии. Он совершил ошибку. И до конца дней будет расплачиваться за нее?

Подняв голову, он встречается взглядом с отражением собственных темных глаз. Обычно в них читается энтузиазм, усталость, гордость… Сейчас же, впервые в жизни, он видит в там только бездонную печаль. Кто же спасет его от нее?

Скрючившись на стуле в кабинете начальника охраны, Элис пытается нацепить обратно бейджик, который у нее до этого отобрали, как вдруг дверь открывается. Что же теперь делать? Элис не может позволить себе потерять эту работу.

Кабинет похож на декорации к плохому фильму. Тесный, со столом, заваленным огромной горой бумаг, и тусклыми мониторами. Стулья туда принесли в срочном порядке, чтобы рассадить девушек. Их сумки свалили в кучу — и свободного места больше не осталось вовсе.

В комнату входит мужчина, который ругался с Соном. Охранники, молча сторожившие девушек больше часа, сразу же встают. Видимо, кто-то важный. Сердце Элис начинает колотиться еще быстрее.

«Неужели я не только работу потеряю, но еще и с полицией будут проблемы?»

Мужчина в темном костюме коротко переговаривается с начальником охраны, сопровождающим его. Элис вздрагивает от раскатистого голоса громилы:

— На выход, девочки, быстро. Господин Ким любезно согласился вас отпустить, если вы покинете помещение немедленно. Мои люди вас проводят.

Вскочив, девушки впопыхах сгребают вещи, разбросанные у них под ногами. Но когда Элис пытается сделать то же самое, продюсер останавливает ее жестом и произносит по-английски:

— Нет, ты останься.

Элис застывает. Зоэ тоже замирает, в ужасе глядя на кузину, но та остается невозмутимой. В детстве, когда они попадались на каких-то проделках, Элис всегда стойко принимала наказание. Зоэ канючила, подключала обаяние, пытаясь выкрутиться, а ее кузина встречала взрослых, нахмурив лоб и поджав губы.

— Месье, это все я виновата, — вступается за сестру Зоэ. — Если кого и нужно задержать, так это меня.

Ким бросает на нее строгий взгляд, темный, жесткий.

«От этого типа мурашки по спине».

— Советую уйти как можно скорее, мадмуазель, чтобы не усугублять ситуацию. Иного выбора вам здесь никто не предоставит.

Тон его голоса просто ледяной.

Элис чувствует, как колени становятся ватными. Порыв кузины, конечно, был благородным, но в этой ситуации есть и ее вина, да и работает тут именно она.

— Беги, Зоэ. Я тебе позвоню, не переживай, — бормочет Элис.

Зоэ молча подает ей знак, чувствуя, как слезы подступают к глазам. Но Элис отворачивается. Она сердится на кузину и хочет, чтобы кошмар закончился как можно быстрее. К тому же свои ошибки следует признавать. Пластырь лучше срывать одним движением.

Не оборачиваясь, она слышит, как ее кузина и подруга выходят из кабинета, а следом и охранники. Продюсер закрывает дверь, и они остаются вдвоем. Атмосфера может посоперничать с Антарктидой. Элис все еще стоит с сумкой и пальто в руках. Она бросает кроткий взгляд на невозмутимого мужчину, который расстегивает нижнюю пуговицу пиджака, а затем опускается в кресло. С тем же каменным лицом он жестом показывает Элис, чтобы она села напротив. Его жест властный, но почти любезный.

Элис садится, чувствуя, как сердце готово выпрыгнуть из груди. Сколько оно еще продержится в таком темпе?

Ким выдерживает небольшую, но жутко тягостную паузу, а затем складывает руки на коленях.

— Итак, мадмуазель... Как вас зовут?

Его голос звучит нейтрально, с легкими нотками нетерпения и почти неощутимым намеком на презрение, но девушка улавливает это и тут же настораживается.

— Элис Шастен.

Мужчина берет телефон и быстро набирает СМС.

— Что вы делаете? — спрашивает она еще подозрительнее.

В ответ продюсер лишь ухмыляется уголком губ. Его темные узкие глаза блестят умом, но не сочувствием. По спине девушки пробегает дрожь. От такого подарков не жди, это точно. Она бросает взгляд на закрытую дверь. Возможно, не надо было отпускать Зоэ. Элис обхватывает себя руками, как будто вдруг похолодало, хотя за кулисами Арены все еще очень жарко. Ким продолжает наблюдать за ней своим ястребиным взглядом и вдруг прерывает тишину:

— Что ж, Элис Шастен, у вас хорошая репутация?

Девушка резко поднимает голову и смотрит на него распахнутыми от удивления глазами.

— Что, простите? Как вы смеете!

Он только весело смеется в ответ.

— Ох, эти европейские барышни. Можете не отвечать, если не хотите. Но мы уже начали собственное расследование и вскоре узнаем все тайны вашего прошлого.

Элис встает, держа спину как можно более прямо. Ее задели за живое. Да сколько можно, в конце концов! Пусть болтает что хочет! Она совершила ошибку и готова ее искупить, но оскорблять себя не позволит. Элис открывает рот, чтобы высказать Киму все, что думает, как вдруг телефон вибрирует у него в руке. Он поднимает палец, призывая к молчанию, быстро просматривает сообщение, и ледяная ухмылка снова появляется в уголке его рта.

— Прекрасно, мадмуазель, теперь я уверен, что вы сделаете в точности то, о чем я попрошу.

Глава 2
Отъезд в Корею

Элис сидит на кровати Зоэ, все еще ошарашенная после возвращения из концертного зала. В голове до сих пор крутятся воспоминания о малоприятном визите в кабинет начальника. Тот моментально ее уволил, наградив к тому же десятком-другим косых взглядов и прочитав желчную лекцию о том, как она всех подвела и как ей повезло, что господин Ким проявил снисходительность.

«Да уж».

Зоэ, наоборот, была вся взбудоражена, в том числе потому, что шокированная кузина напрочь забыла написать ей, когда вышла. Не меньше часа Элис бесцельно бродила по кварталу вокруг Арены, обдумывая жуткую ситуацию, в которой она оказалась, но так и не нашла выхода из этой западни. Наконец, уже в полуобморочном состоянии, она все-таки вызвала такси. Когда Элис пришла домой, Зоэ как раз набирала номер ближайшего к Арене комиссариата полиции, чтобы узнать, не там ли держат кузину. Бросившись Элис на шею, Зоэ крепко обняла ее, не сразу заметив, что та стоит, безвольно опустив руки, в полной прострации.

— О, Господи! — воскликнула Зоэ, сжимая ее ладони. — Они с тобой что-то сделали? Я вызову копов.

Она снова схватилась за мобильный.

— Я там сумку забыла, — вдруг тихо сказала Элис.

Но эта мысль, внезапно всплывшая в сознании, не вызвала у нее никакого интереса.

Отстранившись от кузины, она пошла в свою комнату, словно зомби. Зоэ попыталась удержать ее за руку.

— Элис, объясни, наконец, что происходит!

— Они ничего мне не сделали, Зоэ. Не надо полиции. Я просто вляпалась по уши.

С этими словами она закрыла дверь, упала на кровать и тут же заснула.

Когда Элис проснулась через десять часов, вся тяжесть ситуации вдруг обрушилась на нее, заставляя выскочить из комнаты и бежать сломя голову неизвестно куда. Но распахнутая дверь крепко приложила испуганную кузину, которая сидела под дверью.

— Зоэ?

— Элис!

Та вздохнула.

— Зоэ, заканчивай этот цирк. Я просто ходячее несчастье, вот и все.

Кузина растерянно смотрела на нее, все еще ничего не понимая.

Разумеется, ей нужно было все объяснить. Тяжесть давила на грудь Элис, не давая вздохнуть. Этот ком появился накануне и продолжал расти, занимая в сердце все больше места, так что теперь даже малейший вдох причинял ей страшную боль.

Элис не хотелось никому рассказывать о вчерашнем разговоре с продюсером Кимом, а уж тем более кузине, из-за которой она по горло увязла в этом безумии. Но Зоэ от нее не отстанет, да и с кем еще поделишься таким?

— Пойдем, мне срочно нужна чашка кофе. Очень крепкого.

И вот теперь они сидят вдвоем в комнате Зоэ. Элис только что закончила рассказ, и Зоэ ходит из угла в угол, прикрыв лицо руками, в глубоком шоке.

Элис уже думает, не улечься ли спать снова, как вдруг Зоэ резко разворачивается. На ее лице сияет улыбка.

— Так это же здорово!

Когда Элис говорила о том, что произошло накануне, рот Зоэ то и дело открывался от удивления. Теперь же Элис и сама поражена.

— Что, прости? Ты издеваешься?

Взбудораженная Зоэ пытается успокоить закипающую от гнева подругу.

— Погоди, погоди. Я ведь тебя знаю. Ты скажешь, что все это ужасно нечестно.

— Да уж, не поспорить, — напряженно подтверждает Элис.

— Ок, тут я с тобой согласна. Врать, выдавать себя за подружку Сона, хотя вы не встречаетесь… (Зоэ прикусывает губу, сдерживая стон зависти). Но это же СОН, Элис! Это СОН!!!

Элис озадаченно смотрит на Зоэ, гадая, не сошла ли та с ума от переживаний прошлой ночи.

— Ну да, Сон, и что?

— СОН! У которого столько фанаток! И тебе предлагают провести целый месяц в Корее! Об этом же только мечтать можно! Проводить все время с группой! Быть с Соном!

— Я не буду с ним на самом деле, Зоэ! И мне не предлагают поехать в Корею, а вынуждают, требуют, заставляют. Говори что хочешь, но только я там буду не гостьей, а пленницей. Мне придется делать все, что потребует этот жуткий Ким, и тогда, когда он прикажет. Я получила не путевку в супер-конкурсе для поклонниц группы, а наказание, понимаешь?

— Да-да, — раздражающе иронично соглашается Зоэ. — Конечно же, методы этого мужика просто ужасны. Он лишил тебя работы, а значит, и денег на институт… И за это кошмаааааарное наказание — целый месяц в обществе лучшей K-pop группы в мире — он полностью оплатит твою учебу!

Элис вскакивает на ноги.

— Зоэ, но это же… просто мерзко! Да, Сон сексуальный, хорошо поет. Мне он тоже нравится, хоть и я и не схожу по нему с ума, как ты.

Зоэ показывает язык. Ну почему кузина не может ее понять?

— Но получается, — нервно продолжает Элис, — что если Сон готов пойти на это, то он не заслуживает своих поклонниц. Он такой же бесчестный и расчетливый, как и его продюсер. Меня просто шантажируют, Зоэ, как ты не видишь? Не хочу я уезжать против воли на другой конец света и изображать там чью-то фальшивую подружку, чтобы получить деньги на учебу. Это отвратительно. Мне просто нужна новая работа. Наверно, платить там будут меньше, потому что специальности у меня нет — ну что ж, значит, придется копить дольше, чем я планировала. Но у меня все получится.

Смягчившись, Зоэ старается забыть на минутку о своем энтузиазме и вспомнить о том, насколько они с кузиной все-таки разные. Ей и правда очень повезло: она может временами позволить себе быть беспечной, не воспринимать жизнь всерьез. На нее не давит груз ответственности, не тревожат заботы и печали, которые порой одолевают Элис. Родители Зоэ всегда рядом, готовы поддержать любое ее решение. Они бы заботились и об Элис как о собственной дочери, ведь ее мама и тетя были очень близки, но у Элис есть гордость.

Поэтому Зоэ восхищается ею, но иногда невольно ругает за то, что та сама усложняет себе жизнь. Если на этот раз она сможет поступиться принципами и закрыть глаза на некоторые неприятные обстоятельства, то наверняка поймет, что все совсем не так ужасно, как кажется, а может даже наоборот, судьба дает ей шанс.

Взяв ее за руки, Зоэ садится рядом на кровать.

— Послушай меня, ладно? Только не сердись. Да, ты совершенно права.

Элис бросает на нее взгляд, все еще полный возмущения, но внимательный.

— Этот тип играет очень грязно. Сделать ставку на то, что тебе нужны деньги на учебу, потому что ты осталась без родителей — это подло и мерзко. И ты права, предстоит явно не просто веселая поездка, судя по тому, что он постоянно будет рядом и пойдет на все, лишь бы выкрутить тебе руки.

Элис морщится, и Зоэ крепче сжимает ее ладони.

— Но попробуй взглянуть со стороны. Это всего лишь один месяц в твоей жизни, совсем чуть-чуть — зато потом ты сможешь осуществить свою мечту. Нужно потерпеть всего ничего. Вспомни, как ты прошлым летом ездила в тот жуткий лагерь для детишек-мажоров.

Элис выдает тихий смешок, и Зоэ моментально пользуется этой брешью в ее обороне.

— Вряд ли жизнь с 7X будет сильно хуже. Тогда ты два месяца пахала в этом лагере — и заработала гроши. К тому же, тоже не по доброй воле. Если бы родители были рядом, разве тебе пришлось бы туда ехать?

— Нет, я бы осталась с тобой, — бурчит Элис.

— А насчет Сона… не делай поспешных выводов, ладно? K-pop — это жестокий мир, даже нам, простым фанатам, об этом известно. Ты уже виделась с ним?

— Нет.

— Возможно, он в таком же безвыходном положении, как и ты. И этот ужасный Ким выкручивает ему руки точно так же, а то и посильнее.

Зоэ чувствует, что Элис понемногу расслабляется, и дает ей время обдумать то, что она только что услышала. Когда кузина наконец со вздохом расправляет плечи, Зоэ понимает, что победила.

— Ты права, — сдается Элис.

— Да. К тому же там наверняка будет немало приятного тоже! У Кима явно найдутся дела поважнее, чем все время ходить за тобой по пятам. Так что наслаждайся каждым мгновением свободы, возвращайся с чеком на солидную сумму, а в следующем учебном году ты уже будешь студенткой.

Когда она произносит эти слова, Элис ловит ее взгляд — глазами, которые снова лучатся надеждой.

Улыбнувшись, Зоэ уходит за телефоном кузины, потом возвращается и протягивает его ей.

Элис берет его в руку, закусывая губу. Сомнения снова охватывают ее, и стресс тоже тут как тут. Но выбора не остается. И Зоэ права: хотя план Кима кажется Элис ужасно нечестным, но, в конечном счете, неплохо будет получить возможность заплатить за все обучение сразу.

Сделав глубокий вдох, она выбирает из списка контактов номер, который Ким внес туда накануне. Он отвечает почти мгновенно, как будто ждал ее звонка.

— Элис! Полагаю, вы согласны?

Девушка морщится, услышав его ледяной тон и безупречное английское произношение. Она тут же раздражается точно так же, как накануне. Высокомерие и бесцеремонность вызывают жгучее желание послать его подальше. Но Зоэ сжимает ее руку в знак молчаливой поддержки.

— Согласна, — скрепя сердце произносит Элис.

— Прекрасно! Билеты уже у меня, я их вам сейчас пришлю. Вылетаете на следующей неделе. Мы возвращаемся в Корею сегодня вечером, группа будет в Сеуле, когда вы приедете. И не беспокойтесь, ваша сумка у меня. Было бы досадно, если бы пришлось срочно делать новый паспорт, правда?

Элис молчит, прикусив язык, чтобы не сорваться на продюсера, с трудом подавляя новую волну ярости.

— Можно хотя бы поинтересоваться, почему я? Вы ведь даже не сомневались.

Из трубки доносится смех.

— А вот это — моя маленькая тайна.

Одиннадцать часов в самолете — то еще удовольствие. Элис впервые летит так далеко, к тому же прямым рейсом. Ни одной остановки, чтобы хоть размять ноги. Тяжко…

Меня уже мутит от собственного запаха.

Девушка чувствует себя грязной, страшной, вымотанной и унылой.

Надеюсь, хотя бы никого из группы не будет на месте к моему приезду, и я хотя бы успею принять душ. Иначе со стыда сгорю. Я выгляжу ужасно.

Элис ненадолго закрывает глаза. Лететь еще четыре часа, так что можно успеть урвать немного сна. В Сеуле она будет в 11 утра, и надо бы продержаться до вечера, а не свалиться с ног посреди дня из-за разницы во времени.

Но расслабиться не получается, нервы шалят. Воспоминания о прощании с подругами вспышками возникают перед глазами, раня ее сердце. Она будет так по ним скучать. Элис вдруг осознает, что никогда не расставалась с Зоэ дольше, чем на пару дней. Даже лагерь, где она работала прошлым летом, был неподалеку от места отдыха кузины, и когда у Элис выпадала свободная минута, они встречались за чашечкой кофе.

Зоэ, ее спасительный маяк во тьме после смерти родителей, лучшая подруга, благодаря которой Элис не закрылась насовсем в своей ракушке, словно устрица, прячась от несправедливого мира…

«Как приземлимся, надо будет сразу кинуть ей сообщение в WhatsApp. Правда, у нас будет разница в восемь часов… вряд ли получится созвониться, да и на быстрый ответ рассчитывать не стоит».

Элис открывает глаза. Нет, так ей точно не заснуть до самого прилета. Она скукоживается, завернувшись в одеяло, которое выдали в самолете, но ноги просто ледяные, и их никак не согреть. Глаза печет: слишком много просмотрено фильмов. Устав от киномарафона на крошечном экране, она включает музыку. Конечно же, K-pop. Девичью группу Black Pink. Нет, только не 7X: несмотря на всю любовь к их творчеству, Элис догадывается, что в ближайший месяц еще успеет наслушаться вдоволь, так что лучше заранее не начитать…

Девушка старается расслабиться, не поддаваться эмоциям, которые бьют через край. Всю неделю она была на нервах, не могла ни о чем подумать толком, ни сосредоточиться. Тысячу раз Элис пыталась вообразить странную авантюру, которая ей предстоит. А вот дальнейшие планы на жизнь… Представить что-то после этой поездки было просто невозможно. Абсолютная пустота.

Наконец, намаявшись, она засыпает, позволяя себе уплыть на волнах уверенных голосов певиц, которые, кажется, ничего не боятся.

И ей снится сон. Там она идет по длинному коридору, освещенному небольшими белыми лампами, вслед за юношей с синими волосами.

Хиджун…

Хиджун… похоже, он в ярости. Она чувствует это, хотя он не поворачивается к ней. Сжатые плечи, замедленный шаг. Он будто хочет сбросить накопленное раздражение, думая, что остался один в коридоре. Вдруг злость словно захлестывает его, и он ударяет левым кулаком в стену.

Запястье Элис тут же отзывается болью.

Хиджун опускает кулак, не понимая, что на него нашло, но чувствуя, что приложился знатно. Невидящим взглядом он смотрит на больную руку. Будет синяк. Удар был и правда сильный.

«Это глупо! Я веду себя глупо! И вообще, какое мне дело?»

Но когда продюсер сообщил им о приезде Элис и посвятил в свои чокнутые планы, Хиджун просто вышел из себя.

«Фальшивая парочка! Бред какой. Если бы этот придурок Сон не творил, что ему вздумается…»

Только Ким мог нагромоздить столько лжи.

Да, Сон натворил дел, но есть же куда более простые способы покончить со слухами. Правда, и более плачевные для его карьеры.

«Что бы ни случилось, Ким готов пойти на все ради Сона. И ради группы тоже, но он бы никогда не рискнул выдать такую ложь, чтобы выгородить, к примеру, меня».

Хиджуну снова захотелось стукнуть стену.

«И все-таки… правда… какое мне до этого дело?»

Закусив губу, он качает головой, проводит пальцами по волосам, падающим на лоб. Почему его злость не утихает? Действительно, какое ему дело?

«Если бы только это была не она…»

Резкая вспышка: он вспоминает ее. Темные локоны, выбившиеся из пучка, голубые глаза, такие яркие, что даже при тусклом свете они будто сияют изнутри. Этот образ вызывает у него горькую усмешку.

Что на него нашло? Он же встречает их часто, всяких красоток.

«Меня просто бесит эта лживая история.
Вот и все. Не выношу ложь».

Прислонившись к стене, он съезжает по ней на пол. Надо подумать о чем-то другом. Скоро следующий концерт, нельзя терять концентрацию. Только не сейчас.

Машинально порывшись в карманах, он достает оттуда листок, на котором прикидывал слова новой песни, пока не услышал новость.

Хиджун складывает бумагу один раз, потом второй, так сильно нажимая на сгиб, что чувствует тепло пальцев с другой стороны, их сопротивление. Обычно оригами его успокаивают. Кто-то перекатывает в руке антистрессовые шарики, а он всегда складывает одно и то же, не задумываясь. Журавлика. Несложное оригами. Простота этой фигуры позволяет смастерить ее в любой ситуации, из любой бумаги, даже не глядя или с закрытыми глазами. Как правило, после двух или трех маленьких журавликов Хиджун начинает дышать спокойнее, и течение его жизни восстанавливается.

Но первый журавлик не в силах отвлечь его ни на секунду. Он подбирает полоску, которую оторвал, чтобы получить ровный квадрат для первого журавлика, и отделяет от нее новый квадрат, поменьше. Второй журавлик падает к его ногам, тоже без толку. Потом третий, четвертый. Пятого журавлика Хиджун складывает из такого маленького клочка бумаги, что приходится полностью сосредоточиться на движениях пальцев, чтобы расправить крохотные крылья.

Но когда этот, пятый, журавлик приземляется на пол рядом с другими, настроение Хиджуна все еще хуже некуда. Он закрывает лицо руками, откидывает голову назад, ударяется затылком, опирается им о стену и протяжно вздыхает.

— Ого! Чувак, чего это ты вдруг?

Хиджун вздрагивает, слегка отводит ладони от лица и так сильно нажимает на закрытые веки, что взгляд застилает красная пелена. Приоткрыв глаза, он делает знак Санчону кончиками пальцев, а затем снова закрывает лицо руками.

Он чувствует, что Санчон — ведущий танцор группы и его друг — тоже опирается на стену и съезжает по ней на пол.

— Серьезно, выглядишь ты паршиво.

Хиджун ворчит, и Санчон разражается смехом.

— Ага, вот настолько.

Убрав руки от лица, Хиджун раздраженно выдает:

— Да все эта история про фальшивую парочку. «План Элис».

— И?

— По-моему, редкая дрянь.

Санчон снова посмеивается.

— Да уж, согласен. «Редкая дрянь», — шутливо повторяет он презрительные интонации Хиджуна, показывая пальцами кавычки. — Ладно, это же на месяц всего. Не конец света. Больше всего мне жалко Сона: он как в воду опущенный был. Знаешь, мне кажется, нам сейчас стоит не заводиться, а поддержать его, как участника группы и друга. Этот план очень рискованный. Либо Сон станет суперпопулярным за границей и восстановит репутацию в Корее, либо его карьера окажется под угрозой… Мы нужны ему. Но точно не для того, чтобы осуждать.

Хиджун снова ударяется затылком о стену, но на этот раз нарочно: чтобы боль прогнала несправедливую обиду, засевшую в груди.

— Да, знаю, — наконец выдыхает он. — Ты прав. Мне просто сложновато с Кимом, ну, ты в курсе. Это пройдет. Не волнуйся, я поддержу Сона вместе с вами.

Когда Санчон отправляется на поиски тихого места, где можно снова, снова и снова отрабатывать танец, Хиджон встает. Но прежде чем уйти он снова бьет кулаком по стене. Еще сильнее. И боль теперь еще острее, чем раньше. На несколько кратких мгновений ему становится легче.

На высоте тысячи футов над Желтым морем Элис вздрагивает, проснувшись, и выпрямляется в кресле, потирая ноющую руку.

«С чего это вдруг мне приснился Хиджун?»

Боль в руке не проходит, несмотря на массирующие движения. Наверно, придавила к подлокотнику, пока спала. В любом случае, разбудила ее именно боль. Какой все-таки странный сон. Он казался таким реальным! Как будто она стояла рядом с Хиджуном там, в коридоре. А он еще и разговаривал с Санчоном на корейском. Однажды она видела сон на английском, но это было в конце школьной поездки в Лондон, когда они постоянно говорили по-английски. А в этом сне она едва уловила, о чем говорили участники группы. Речь была слишком быстрой, а слова в основном незнакомыми.

«Так ведь не бывает в снах, правда?»

И почему все-таки Хиджун? Из-за той короткой, но такой насыщенной встречи в коридоре? Конечно, в музыкальном плане он нравится ей больше всех в группе, но вот физически ее скорее тянет к Сону. При этой мысли Элис покраснела. Она не призналась в этом Зоэ перед отъездом: слишком уж хорошо ей был знаком характер кузины. Если бы та узнала, что Элис слегка запала на старшего участника группы, с которым ей и придется изображать парочку, Зоэ от нее уже не отстала бы, на ходу выдумывая невероятные романтические истории.

Нельзя сейчас о таком думать, а то я в тыкву превращусь, когда увижу Сона. Выставлю себя полной дурой, а если он догадается, что нравится мне, все станет только хуже. Это будет совсем уже неловко.

Элис бросает взгляд на экран телефона в режиме полета. До начала приключения остается минут сорок.

Машина едет прямо к Ханнам-дону, элитному району в округе Йонсан-гу, в самом центре Сеула. Элис не нужно спрашивать, она и так знает: 7X перебрались сюда в конце 2017-го. Как и другие поклонники, она годами следила за переездами группы, радуясь каждый раз, когда они меняли тесную квартиру на более комфортабельную.

Крохотная каморка, где в начале карьеры они ютились всемером, осталась далеко в прошлом. Теперь в 200-метровых апартаментах The Hill каждому из участников группы хватало личного пространства.

Элис откидывается на спинку заднего сиденья и разглядывает улицы Сеула, проплывающие за окном. Она старается запомнить все, что окружает ее в стране, о которой она столько мечтала. Вскоре автомобиль подъезжает к реке Хан. В этих кварталах дома стоят дальше друг от друга, выстроившись вдоль подножия одной из гор, окружающих Сеул, то полукругом, то отдельными группами. Поднявшись немного в гору, машина поворачивает к колоннам из белых камней. Два красно-белых шлагбаума опущены, преграждая вход.

Вот мы и на месте.

Элис садится ровно, чтобы лучше разглядеть, что там впереди, за креслом водителя. Никто ее не встречает, как и в аэропорту, где стоял только шофер с ее именем на табличке. Молчаливый мужчина в ужасающе невыразительном костюме, идеально подходящий для своей роли. Один из охранников выходит из центрального поста и приближается к машине. Водитель опускает стекло. Элис сосредотачивается, стараясь уловить суть разговора. Обменявшись несколькими репликами с шофером, охранник возвращается на пост, и один из шлагбаумов поднимается. Машина трогается, проезжает мимо сдержанной, красивой вывески «Аннам. The Hill» Место, где живут 7X.

На мгновение все обстоятельства сделки вылетают у Элис из головы, уступая место радостному волнению. Но потом тревога вновь охватывает ее. Продюсер не выходил на связь с того самого разговора по телефону на прошлой неделе. Билеты она получила без каких-либо комментариев. Времени оставалось совсем мало. Последние дни перед отлетом из Франции пролетели очень быстро. Элис едва успела собрать чемодан, попрощаться с подругами и предупредить тетю.

Мама Зоэ в который раз попыталась убедить племянницу, что та ей ничего не должна, что она с удовольствием оплатит ее учебу, что это совершенно нормально, но Элис и слышать об этом не желала. После смерти родителей она приняла решение и не собиралась его менять.

У Элис в сумке лежит любимое семейное фото: все собрались вместе в маленьком бретонском домике с видом на дюны и океан. Родной уголок, который она не должна была покидать. Место из ее лучших воспоминаний.

Каждый раз, вспоминая о нем, она чувствует, как сердце сжимается, а на глаза наворачиваются слезы. Элис мотает головой. Сейчас для этого явно не лучший момент. Она в сотый раз проверяет телефон: от Зоэ ни слова. Она так и не ответила на сообщение в WhatsApp. Хотя неудивительно, во Франции же сейчас… 4 утра.

Водитель прерывает ее размышления, останавливая машину около парка, и выходит, чтобы открыть ей дверцу.

— Я провожу вас, мадемуазель, — произносит он, автоматически подхватывая оба ее чемодана. Молодой человек снова безупречен в своей роли: ненавязчив, незаметен, но всегда рядом, когда это нужно. Стройный, бледный. Элис кивает ему в знак благодарности и послушно идет следом к дому, который кажется совсем невысоким на фоне некоторых башен вокруг. Ко входу ведет элегантная дорожка, пролегающая над водной гладью, усеянной маленькими островками в сияющей стальной оправе, на которых растут идеально подстриженные деревья. Весь ансамбль излучает спокойствие и свежесть роскоши.

Вокруг очень красиво, но зима уже близко, а в Корее она нешуточная. Свинцово-серое небо не слишком радует взгляд. Поежившись, Элис спешит зайти внутрь.

Застекленные двери распахиваются, и ее тут же окутывает приветливое тепло.

Холл поражает Элис до глубины души. Конечно, она видела его на фото, но высота и глубина этого пространства лишают ее дара речи. Зал просто огромен. Пол из белого мрамора со светло-серыми прожилками отражает мягкий свет множества маленьких лампочек, льющийся с потолка. Огромная фреска, украшенная разноцветными орхидеями, оживляет интерьер. Та самая картина, которую Элис хотела изобразить на стене своей комнаты, когда переехала к Зоэ в прошлом сентябре. Следом за водителем она подходит к стойке регистрации, где за компьютерами сидят две безупречные консьержки. Шофер предъявляет им пропуск, и девушки вежливо отвечают, что их предупреждали о прибытии мадмуазель Шастен. Их речь и поведение предельно профессиональны, но Элис замечает, что, заполняя документы, девушки то и дело поглядывают на нее, рассматривая с головы до ног. Такое непрошенное внимание снова заставляет Элис задуматься, правильно ли она поступила, приняв предложение Кима. Она чувствует давление, легкое, но все же вполне ощутимое. А дальше наверняка будет только хуже. Сможет ли она это выдержать?

Водитель снова подходит к ней и коротко кивает.

— Вынужден с вами проститься, мадмуазель. Чемоданы скоро доставят. Эта юная леди (он указывает на одну из консьержек) проводит вас до квартиры.

— Спасибо за все, — торопливо выдыхает Элис.

До этого она перекинулась всего парой слов с шофером, но тут вдруг чувствует, будто без него лишится надежной опоры и с головой окунется в неизвестность. Провожая его взглядом, Элис вслед за консьержкой подходит к одному из лифтов. Девушка нажимает на кнопку последнего этажа, и двери закрываются. Пока они едут, консьержка пристально рассматривает Элис: видимо, в присутствии водителя еще сдерживалась, а теперь не сводит с нее хмурого взгляда, вопросительного и завистливого одновременно. Напряжение нарастает.

Почему эта незнакомая женщина позволяет себе ставить ее в такое неловкое положение? Почему она забывает о приличиях? Неужели Элис больше не заслуживает нормального отношения?

Из-за усталости ей не хочется говорить. К счастью для консьержки, ведь иначе Элис с удовольствием высказала бы все, что думает о ее бесцеремонности.

Двери открываются, и консьержка жестом предлагает Элис зайти в квартиру прямо напротив лифта.

Сделав шаг вперед, Элис замирает от изумления. Она вздрагивает, когда слышит, как за спиной закрываются двери лифта и кабина с легким гудением направляется вниз. Шагнув еще раз, Элис снова застывает в глубоком шоке. Перед ней открывается огромная гостиная-кухня в кремовых и шоколадных тонах. Потрясающая, словно номер в пятизвездочном отеле, залитая светом из окна во всю стену. Вид на город окончательно завораживает

Элис. Она прижимается лбом к холодному стеклу и долго любуется этим великолепным пейзажем: далеко внизу струится река Хан, слева — заснеженные горы укутывают Сеул белым пушистым платком.

Двери лифта снова открываются, и Элис вздрагивает, резко оборачиваясь. Неужели придется столкнуться нос к носу с кем-то из участников 7X? К такому она точно не готова. К счастью, это всего лишь портье с чемоданами. Испытав огромное облегчение, Элис спешит к нему навстречу и протягивает руки, чтобы забрать свои вещи, но он делает шаг назад и пыхтит, кивая куда-то в сторону:

— Позвольте отнести их в вашу комнату.

Она снова изумляется. Так непривычно, что кто-то носит за ней чемоданы. Она даже не притронулась к ним с тех пор, как сошла с трапа самолета. Ничего общего с переездом в квартиру кузины, после которого у нее еще недели две ломило спину.

И все же ей придется позволить проводить себя, потому что она не знает, где ее комната… Элис даже не задумывалась об этом, когда прилетела. Она с улыбкой благодарит мужчину за помощь.

Вдвоем они пересекают гостиную и выходят в коридор. По обе стороны — ряды закрытых дверей, почти незаметных, если бы не выступающие ручки. Дойдя почти до конца, портье открывает одну из комнат справа и ставит чемоданы на пол, а затем сразу же сторонится, пропуская Элис, и уходит обратно по коридору.

Совершенно сбитая с толку, Элис начинает догадываться, что указаний ей ждать не стоит. Решив принять душ, она заходит в комнату, а там… уже явно кто-то живет.

«Что?!»

Проникая сквозь большое окно, солнечные лучи освещают просторную комнату в кремовых тонах, часть которой занимает двуспальная кровать. Судя по следам на ковре из лохматой шерсти, ее недавно передвинули ближе к окну, чтобы освободить место. На кровати лежит мужская одежда, а на столике рядом — какие-то бумаги, книги и квадратный будильник.

«Значит, эта комната занята…»

Небольшую кровать у стены напротив окна, похоже, поставили недавно. Элис на мгновение хочет поверить, что портье просто ошибся, но корзинка с банными принадлежностями, стоящей на безупречно заправленной кровати, убеждает в обратном. Девушка берет в руки карточку, прикрепленную к прозрачной бумаге, в которую завернут набор.

«Добро пожаловать, Элис. Я попросил, чтобы Вас поселили в комнате Сона. Ким».

«Вот гад! Да как он смеет?!»

Ну все, это уже перебор. Такого она не потерпит. Элис хватается за телефон. Этот Ким, этот мерзкий тип, думает, что ему все позволено. Сейчас она ему устроит!

Но он не отвечает. Разумеется.

«Так просто я не сдамся».

Насколько она знает, в этом здании находится вся команда, сопровождающая 7X. Возможно, кабинет Кима тоже где-то неподалеку. В любом случае, кто-нибудь наверняка поможет ей разыскать этого кретина. Элис бежит обратно к лифту и бешено тычет в кнопку. Когда кабина открывается, она влетает внутрь и нажимает на этаж ниже. Ничего. Подсветка не загорается — значит, вызов не сработал. Элис выбирает другую кнопку. То же самое. После нескольких отчаянных попыток двери лифта закрываются, но кабина не двигается с места. В тишине звучит сигнал ожидания.

Элис прекращает жать на все подряд и поднимает глаза к потолку.

«Да вы шутите...»

Она нажимает на кнопку своего этажа, двери снова открываются и, уже немного успокоившись, Элис возвращается в квартиру. Тихий звонок раздается у нее за спиной, сообщая, что лифт закрывается, и ей в этом звуке слышится издевка. Итак, она может разве что повидаться с консьержками, на все остальные этажи Элис путь закрыт. А общаться с этими воображалами у нее нет ни малейшего желания. Скрепя сердце она заходит в комнату и быстро набирает смс Киму.

Предупреждаю: либо мы все выясняем прямо сейчас, либо я немедленно возвращаюсь во Францию.

Потом она кидает телефон на кровать и тяжело падает рядом.

«Ну что еще?»

Элис прикрывает глаза всего на полминуты, как вдруг ее телефон начинает вибрировать.

Звучит песня 7Х.

Какая ирония. Не успела она приехать, а дело уже принимает оборот, который ей совершенно не нравится.

«Этот придурок у меня еще попляшет! Если он считает, что имеет право так себя вести с участниками группы — жесть, конечно, но пусть разбирается сам. А вот со мной — фигушки!»

Но звонок не от Кима, а от Зоэ. У Элис слегка колотится сердце, когда она берет трубку. Наконец-то человек, который сможет ей помочь.

— Зоэ! Я хочу обратно во Францию! Срочно!

— Тише, тише, Элис! Что случилось?

— Мне нужно вернуться. Как можно скорее. Я тут уже звонила продюсеру, чтобы сказать, что на такое не подписывалась, но этот козел не берет трубку!

— Элис, Элис! Погоди. Слушай, тут сейчас 5 часов утра, и я вообще не понимаю, о чем ты говоришь. Если хочешь, чтобы я тебе помогла, расскажи все по порядку.

Элис делает глубокий вдох, чтобы избавиться от тревоги, заполонившей грудь. Она сейчас так далеко от родной страны, без малейшей возможности заплатить за обратный билет. В глазах щиплет, но она старается сдержаться из уважения к кузине.

— Я приехала в Сеул. Водитель встретил меня в аэропорту и привез в The Hill. Невоспитанная ледышка проводила меня до квартиры, а портье — до «моей» комнаты. Вот только она оказалась не МОЯ. А Сона!

На другом конце воцаряется молчание. Потом Зоэ сдавленно восклицает:

— КОМНАТА СОНА!

— Да.

— Его личная? Прям его-его? Та самая, куда он уходит баиньки?

Тут уже Элис ненадолго замолкает. Похоже, Зоэ на какой-то другой волне. Вопреки ожиданиям, в ее голосе звучит не ужас, шок или сочувствие, а наоборот, скорее… оживление?

— Да, комната Сона, его личная, «куда он уходит баиньки», как ты говоришь. Я же об этом и…

Истерический вопль прерывает ее на полуслове.

— Расскажи мне все! На что она похожа? Там есть фотки? Я жду подробностей!!!

«Она смеется надо мной или что?»

— Зоэ! Да мне плевать! Дело не в этом!

— А в чем дело, собственно?

— Ну, понимаешь, я чувствую себя тут как в ловушке. Нереально далеко от дома, да еще и спать придется в одной комнате с незнакомым типом.

— Элис! От своего имени, а также от имени остальных поклонников по всему миру я вынуждена сообщить, что ты сходишь с ума. Это не «незнакомый тип»! Мы же вместе годами разглядывали его чуть ли не под лупой! Мы знаем о нем все! Он — наш кумир, и ты будешь с ним жить! Наоборот, тебе дико повезло!

— … ЗОЭ!!!

Элис уже чувствует, как черное отчаяние заполняет ее сердце, но вдруг телефон вибрирует от входящего сообщения. Она пользуется моментом, чтобы перевести дух.

— Подожди, у меня тут, похоже, звонок. Спокойной ночи, Зоэ, извини, если напрягла.

— Да нет, ты же знаешь…

Но Элис уже отключилась и взглянула на экран. Сообщение от продюсера. Но прежде чем прочесть его, ей надо переварить разговор с кузиной. Полное непонимание, с которым она столкнулась, стало для нее тяжелым ударом.

Неужели не очевидно? Если ты любишь песни какого-то артиста и считаешь его красивым, это не значит, что ты хочешь с ним жить! Да, она и правда вслед за Зоэ увлеклась 7X и вот уже несколько лет перелопачивала сайты в поисках информации по группе и Сону. Но эта влюбленность была полностью виртуальной, обаяние его образа возникало из аккуратно дозированной информации, которая передавалась от поклонницы к поклоннице, так что часто в итоге было уже трудно отличить выдумку от правды. А то, что говорилось в официальных интервью? Не нужно лично знакомиться с Кимом, чтобы усомниться в подлинности историй, которыми Сон делится с прессой. Теперь-то Элис понимает, что в них наверняка много вымысла, придуманного другими. Какой же Сон на самом деле? Она его почти не знает. Вернее, не знает совсем. Он для нее лишь образ из глянцевых журналов.

Зато ей доподлинно известно, что этот жуткий Ким с самого начала позволяет себе принимать решения за нее, переворачивать ее жизнь с ног на голову, отправлять ее чемоданы туда, куда считает нужным. И это Элис терпеть не намерена. Нельзя допустить, чтобы кто-то подселил ее в комнату к мужчине, о котором она, в конечном счете, ничего толком не знает. Жизнь и так, не спросив ее, обошлась с ней жестоко: отобрала родителей, резко изменив ее судьбу. И теперь Элис не позволит какому-то продюсеру ничего подобного.

Она открывает сообщение.

Мне сейчас некогда вами заниматься.
Не стоит впадать в истерику. Мы увидимся чуть позже.
Примите душ, поспите, и в голове все уляжется само собой.

«Придурок!»

Элис в шоке зависает, глядя на экран телефона, потом встряхивается.

«Насчет одного он прав: душ будет сейчас очень кстати».

Чувствовать, как горячая вода стекает по коже, — настоящее блаженство. А гель с легким ароматом цветов вишни — просто восторг. Уже куда более расслабленная, Элис причесывается перед зеркалом в ванной, прилегающей к комнате.

У нее пока нет четкого плана, но ясно одно: надо очертить свои границы. Либо Ким начинает относиться к ней уважительно, либо пусть отправляет обратно во Францию. Она не собирается быть пешкой, которую он целый месяц будет двигать как ему вздумается.

Задумавшись, она слегка теряется в мыслях, но шум по соседству и ругань на корейском возвращают ее в реальность.

«В комнате кто-то есть…»

Быстро оглядевшись, она вспоминает, что не захватила одежду. Собиралась потом порыться в чемодане… Приходится завернуться в полотенце на голое тело. Быстро протерев запотевшее зеркало, она видит в нем свое отражение: под голубыми глазами залегли огромные круги, волосы прилипли к лицу.

Жалкое зрелище.

Тут все охраняется, это наверняка кто-то из персонала. Вдох-выдох… Ничего страшного. Просто высунь голову, чтобы показать, что ты здесь.

Но Элис не успевает привести план в исполнение: ручка поворачивается, и дверь широко распахивается.

Девушка с воплем зажмуривается — и в ответ слышит крепкое корейское словцо.

— 똥 (ttong)[1]!

Элис тут же открывает глаза. И видит Сона.

Да уж, хуже не придумать. Перед ней кумир собственной персоной, а она стоит в одном полотенце, без макияжа, с мокрыми слипшимися волосами…

Сон не дает ей времени прийти в себя и придумать наименее неловкий выход из этой ситуации.

— Ты Элис, так ведь? — спрашивает он по-английски с заметным акцентом, но явно проработанным произношением.

Она кивает.

— Ну здравствуй, что ли, — холодно бросает он.

[1]Дерьмо (*кор.*)

Элис мысленно отмечает, что не поздоровалась с Соном, но его приветствие не приятнее пощечины.

— Здравствуй…те, — лепечет она.

— Прекрасно! Ким подобрал мне круглую дуру. В общем, расклад такой: ты садишься в уголок, ведешь себя как паинька, а через месяц возвращаешься домой. Прости, что не стану играть с тобой в друзяшек — времени на это нет. Увидимся на совместных интервью.

С этими словами он захлопывает дверь.

«Э-э? Что? Какого…?»

Ей это приснилось, или он правда только что повел себя как последняя скотина?

Челюсть Элис отвисает от удивления, когда Сон вдруг рывком распахивает дверь и обнаруживает, что она не сдвинулась с места, а ее лицо пылает яростью.

— Выметайся из ванной, мне тоже надо.

И дверь снова захлопывается.

Элис пробирает холод, несмотря на жару в ванной. Затянув потуже полотенце, она хватает телефон и отправляет новое сообщение Киму.

Или мы встречаемся прямо сейчас, или я сваливаю, бросая все вещи. Смотрите сами.

Глава 3
Чувствительная

— Мадмуазель Шастен?

Портье, который до этого помог ей с чемоданами, просовывает голову в приоткрытую дверь. Элис слабо улыбается ему, шмыгая носом.

Из-за усталости она все-таки пролила несколько слез. Элис ненавидит плакать, вечно ругает себя за такое проявление слабости. Хорошо, что в этот момент она была в комнате одна. Сон молниеносно принял душ и сразу ушел, даже не взглянув на нее. Все это время Элис просидела, забившись в уголок кровати, пытаясь испариться, лишь бы избежать очередного неприятного разговора.

Как только Сон вышел, она бросилась к чемодану, чтобы привести себя в порядок, высушить волосы, накраситься. Проделав все эти манипуляции, Элис почувствовала, что к ней возвращается уверенность. Решено. Она помчится в аэропорт, да хоть пешком туда пойдет, если пары купюр в кошельке не хватит на такси. Там она позвонит тете, попросит о помощи и настоит на том, что потом с зарплаты вернет всю стоимость билета до Франции, купленного в последний момент.

Но когда она уже застегивала чемодан, в который побросала все самое важное…

«Черт с ними, с остальными вещами. Пусть Ким все это выкинет…»

…пришло короткое сообщение.

Я отправил кое-кого за вами.

Элис упала обратно на мягкую, уютную кровать в тихой просторной комнате, пахнущей чистотой. При других обстоятельствах она наверняка была бы просто счастлива. Так она и провела добрый час в ожидании: глаза смотрят в пустоту, грудь размеренно поднимается и опускается, а слезы все текут по щекам, и она ничего не может с этим поделать.

Так же отрешенно, на автомате, она встает и следует за любезным портье, который сопровождал ее по прибытии. Если прислали его, значит, наверное, ее и правда отправят теперь домой. При этой мысли Элис немного успокаивается, и ей удается более-менее собраться с духом для предстоящей встречи с Кимом.

— А чемоданы вы заберете потом? — спрашивает она в лифте.

— Чемоданы? — удивляется мужчина.

С помощью карты он снимает блокировку с кнопки третьего этажа.

— Простите, что сразу не представился. Меня зовут Чан, я — помощник господина Кима. Я провожу вас к нему, как вы и просили.

Помрачнев, Элис замыкается в молчании.

«Зато наконец-то увижусь с Кимом, это главное».

Двери открываются, и Элис вслед за Чаном выходит в длинный коридор. Порой вместо дверей им попадаются большие окна, за которыми виднеются ярко освещенные репетиционные залы. Здесь тоже очень чисто, роскошно, но при этом функционально, без излишеств. Над некоторыми дверями горят красные лампы — видимо, там идет репетиция или запись.

Дойдя до самого конца коридора, Чан открывает массивную дверь и пропускает Элис в кабинет господина Кима. Пройдя несколько шагов, она слышит щелчок замка. Тихий, деликатный. Ей кажется, что она попала в клетку, на съедение к хищнику.

Ким не один… В кресле возле стола с комфортом расположился Хиджун: ноги широко расставлены, руки лежат на подлокотниках, в глазах читается неприкрытая ирония.

Встретившись с его внимательным взглядом, Элис чувствует, словно ее ударили в сердце, апперкотом прямо в грудь. Ее зрачки расширяются от изумления.

«Откуда это пронзительное ощущение, как тогда, в коридоре?»

— Элис, времени у меня мало. И я не могу уделить его только вам. Мне еще надо разобраться с Хиджуном, так что давайте побыстрее, будьте любезны.

Она переключает внимание на Кима, но, растерявшись из-за его совершенно бесстрастного тона, лишь открывает рот, не в силах издать ни звука. Продюсер даже не смотрит на нее, листая и подписывая какие-то бумаги.

— Я… –Элис запинается.

Атмосфера в комнате так же холодна, как ее интерьер: огромная мебель из темного дерева; длинный стол перед окном, выходящим в парк; книжные шкафы до самого потолка с плотными рядами аккуратно размеченных папок всевозможных цветов; темный ковер, почти полностью покрывающий паркетный пол… И все.

— Вы… — подхватывает Ким, в голосе которого сквозит нетерпение.

— Я… не могу оставаться здесь в таких условиях.

Ким откладывает ручку и смотрит ей прямо в глаза.

— В каком смысле? Элис, честное слово, мне некогда. Потрудитесь объяснить, из-за чего вы, едва приехав, уже хотите нас покинуть?

— Я не могу согласиться спать в одной комнате с Соном.

Короткий смешок Хиджуна заставляет Элис вздрогнуть. Подняв взгляд, она видит на его лице презрение, и ей от этого становится очень горько. Его полные губы складываются не в нежную улыбку, как тогда, а в горькую усмешку. Глаза словно каменеют.

— Элис, — отрезает Ким, косо глядя на Хиджуна. — Мы не можем предоставить вам отдельную комнату. У нас просто-напросто нет лишнего места. Но и предлагать вам раскладушку в репетиционном зале или подсобке со швабрами мы тоже не собираемся. Мне кажется, квартира, в которой вам предстоит жить в течение месяца, вполне комфортабельна.

— Я не потерплю, чтобы подобные решения принимали за меня, — выдает Элис, расправляя спину и сверля Кима взглядом.

Он тихо смеется.

— Вы не в том положении, чтобы предлагать переговоры. А если бы и были, для этого требуются две стороны, а я в ваши игры играть не намерен. Вы подписала контракт с четкими условиями. Вы проводите с нами месяц, в течение которого я использую ваше присутствие как считаю нужным и полезным для карьеры Сона. Взамен вы получаете более чем щедрую сумму. Больше я вам ничего не должен. Напоминаю, что вы находитесь здесь с определенной целью. Это не школьная поездка, и я не обязан потакать вашим капризам.

Презрение, сквозящее в этой речи, ошеломляет Элис, наполняя жаждой протеста. За кого он ее принимает? За девчонку-эгоистку? Она так этого не оставит. Но когда она уже собирается парировать, Хиджун протягивает по-английски с сильным корейским акцентом:

— В комнате Сона? Какая неженка. Бедненькая… Что же тебя не устраивает? Сон точно не урод, девушки от него в восторге. Ты радоваться должна. Да и не в одной кровати же вы спать будете, в конце концов.

«А я в восторге от тебя».

Эта мысль внезапно возникает в голове, но Элис больно от того, с каким презрением и злобой отнесся к ней Хиджун, и потому она не произносит это вслух.

Пробормотав продюсеру, что так и быть, войдет в их положение, она вылетает из бюро, не дожидаясь, пока ее проводят. Нужно любой ценой сбежать как можно дальше, чтобы эти двое не увидели ее слез.

Элис чувствует, что так далеко от дома, так глубоко увязла в западне. А еще ей немного стыдно, ведь, как бы ей ни хотелось наброситься на Кима с кулаками, он в чем-то прав. Устроилась она очень хорошо, хоть ей и навязали эту ужасно неловкую ситуацию.

На минутку Элис прислоняется плечом к стене, чтобы перевести дух. У нее слегка кружится голова от усталости и жары, которая царит на этом этаже.

— С тобой все хорошо?

Открыв глаза, в нескольких шагах от себя она видит Чанмина. Макнэ[1] группы подходит осторожно, словно боится спугнуть девушку. Его детское лицо и миндалевидные глаза вызывают у нее улыбку. Он похож на куклу, идеальную и очаровательную.

— Ты ведь Элис, да?

— А что? Ты тоже хочешь поиздеваться надо мной? — тут же мрачнеет она.

— Вау! Полегче! — смеется он, поднимая руки в знак капитуляции.

Его озорной взгляд успокаивает Элис, и она слегка хихикает.

— Прости, что твой приезд получился слегка сумбурным, — мягко говорит Чанмин.

Элис расслабляется. Наконец-то немного человеческого тепла.

— Да уж, сумбурным — это точно.

Напряжение спадает, и непрошеный всхлип вырывается с забавным сдавленным звуком. Несколько слезинок стекают по щекам.

[1]Младший участник группы (*прим. пер.*)

— О нет! Не плачь! Все будет хорошо, вот увидишь. Идем со мной.

Чанмин кладет ладонь ей на плечо, берет ее руку в свою и прижимает девушку к себе. Они почти одного роста: Элис вспоминает, что он всего метр 73. Она опускает голову ему на плечо. В это мгновение ей так хорошо и одновременно так странно.

Не отстраняясь, он ведет ее к закрытой двери и нажимает на ручку. В углу комнаты несколько стульев выставлены в круг. Больше там ничего нет, даже ковра. Видимо, это танцевальный зал.

— Здесь нам никто не помешает.

Юноша садится на стул напротив Элис и смотрит на нее с милой улыбкой.

— Чанмин, — представляется он, протягивая руку.

— Я знаю, — отвечает она с такой же улыбкой.

— Не сомневаюсь, но вежливость есть вежливость.

Улыбка Элис становится шире. Чанмину всего 22, а такой отзывчивостью не всякий зрелый мужчина может похвастаться. При этом он мечтает быть позитивным и упорным, как Санджун, и широкоплечим, как Сон.

— Элис, — представляется она в свою очередь, протягивая руку.

— Итак, Элис, мне очень приятно лично познакомиться с настоящей фальшивой подружкой Сона.

Девушка хочет снова хихикнуть, но сдерживается.

«Какая я все-таки чувствительная! Смеюсь — а потом тут же плачу».

— Ничего забавного тут нет, — выговаривает она Чанмину.

— Прости, — сразу же извиняется он. — Расскажи все по порядку, и я пойму, как наш великий лидер уже успел тебя так расстроить.

В этот момент дверь позади них открывается и в комнату заходит Санджун, главный танцор группы, с полотенцем на шее. Он очень красив: кожа чуть более темного оттенка, удлиненное лицо, густые ресницы. Довольно долго он ходил с розовыми волосами, но несколько месяцев назад сменил цвет на каштановый и обновил стрижку: челка на две стороны прибавила ему недосягаемости и решительности.

Элис жалеет, что не удалось чуть дольше побыть наедине с единственным человеком, который проявил к ней внимание с момента приезда. Но, несмотря на все сложности, ей с трудом верится в происходящее. За несколько часов она увидела Сона, Хиджуна, Чанмина, а теперь и Санджуна. Причем не как фанаты — где-то там, за ограждением, — а совсем близко, в обычной жизни. Элис вспоминает о Зоэ, и ей снова становится немного стыдно.

«Мне ведь и правда повезло, несмотря на обстоятельства».

— Что вы тут делаете? — спрашивает Санджун по-корейски.

— Познакомься, это Элис. Помнишь, нам недавно говорили о ней на собрании о том, что она приедет, — отвечает Чанмин по-английски, чтобы девушка тоже поняла.

— А, точно! Это из-за тебя Хиджун весь день сам не свой, — Санджун тоже переходит на английский.

— Хиджун? — удивленно переспрашивает Чанмин, и Элис снова ощущает удар прямо в сердце. — Это наш-то весельчак?

Санджун подходит к Элис и протягивает ей руку. Девушка сжимает его ладонь, стараясь не распахнуть рот от удивления.

— Привет. Я тут хотел порепетировать.

— Валяй, ты нам не мешаешь, — поддевает его Чанмин.

Вздохнув, Санджун натянуто улыбается Элис, а потом отходит подальше и складывает полотенце в углу.

— Не обращай на него внимания, — тихо говорит Чанмин. — Ему важен только танец. Остальное просто не существует.

Глаза снова щиплет от слез, но Элис все-таки выдавливает улыбку.

— Не переживай. Кроме тебя он единственный, кто отнесся ко мне не так уж плохо с момента приезда.

— Правда? Расскажи-ка.

Позади него Санджун надевает наушники и начинает танцевать перед зеркалом, чтобы отслеживать каждое перемещение. На нем рваные черные джинсы, простые кроссовки и белая футболка. Плавность и точность его движений поражают. Элис невольно восхищается его работой. Санджун полностью сосредоточен, но в то же время танец кажется цельным, легким, словно все шаги уже отработаны настолько, что сами вытекают один из другого, без участия мыслей. Чанмин прослеживает взгляд Элис.

— Здорово танцует, да?

— Не то слово, — отвечает она, все еще под впечатлением.

— Выверяет все до миллиметра.

— Это хореография к Silver Spoon, да?

Чанмин присвистывает.

— Да у нас тут настоящая фанатка, я смотрю.

— Ага, — грустно улыбается Элис.

Юноша просто очарователен. Так мило пытается утешить ее, хотя у него наверняка полно дел. Но он еще так молод! Наверно, ему трудно будет понять. Да и Элис не хочет навязываться ему в поисках поддержки. Для него это может оказаться тяжким грузом. Она уедет, а он останется с группой, и чтобы все сложилось удачно, его дружба с другими участниками не должна пострадать.

— Ничего такого не случилось. Просто устала, а еще эта разница во времени… И Ким распорядился отнести мои чемоданы в комнату Сона, а он не горит желанием жить со мной. Да и я тоже, кстати. Это очень неловко.

Чанмин улыбается.

— Наш великий продюсер редко снисходит до того, чтобы интересоваться чьим-то мнением. Я тебя понимаю. А насчет Сона не волнуйся, он привыкнет.

Элис уже собирается возразить, что дело не только в этом. Она не хочет, чтобы он привыкал, чтобы просто терпел ее. Ей так хочется подружиться с ними всеми. Тяжело чувствовать, как тебя отталкивают, отвергают. Ему она не нужна, это ясно. Элис пытается сформулировать свои мысли так, чтобы не расплакаться, и тут в комнату входит Киха. Девушка восхищенно смотрит на его утонченное лицо, тонкие губы, прямой нос и волосы, отливающие рыжим. Осон и Хэсон появляются следом, слегка кивают ей и присоединяются к Санджуну.

«Нам тут никто не помешает — вспомнила Элис слова Чанмина. — Как же!».

Киха сначала видит танцующего Санджуна, потом с удивлением замечает Элис с Чанмином и подходит к ним, широко улыбаясь.

— Hello! Добро пожаловать. Элис, да? Смотрю, с Чанмином вы уже не разлей вода? Я так и думал, — весело произносит он, делая глоток из бутылки, которую держит в руках.

— Элис приняли не особо радушно, — коротко поясняет Чанмин.

Киха прищуривается.

— Правда? Почему же?

Он подсаживается к ним. В углу зала Санджун останавливается и шумно вздыхает, чтобы все заметили, как сильно ему мешает их шушуканье. Остальные члены группы разражаются смехом.

— Не обращай на него внимания. Ну, разве что на танец… — добавляет Киха.

— Я ей уже это говорил, — улыбается Чанмин.

Потом он вкратце пересказывает Кихе историю Элис. По крайней мере, она так думает, потому что разговаривают они на корейском, и очень быстро, так что уловить ей почти ничего не удается. Это заставляет Элис с горечью осознать, насколько ее знания корейского теоретические и книжные. Киха успокаивающе похлопывает ее по руке.

— Слушай, я тебя понимаю. У нас тут все очень своеобразно устроено, и с непривычки может быть неприятно. Но если захочется поболтать или что-то пойдет не так, ты всегда можешь прийти поговорить с нами. Мы с Чанмином очень рады, что ты здесь. И потом…

Вдруг он распахивает глаза, берет в руку длинную прядь волос Элис и приподнимает, чтобы лучше рассмотреть.

— Ух ты! Какие волосы! С ума сойти!

Элис фыркает от смеха. Киха разглядывает ее густые локоны с таким уморительным выражением на лице. Чанмин тоже смеется от души.

Саркастический смешок прерывает их веселье.

— Что, капризуля нашла кому поплакаться?

В комнате воцаряется мрачная тишина. Атмосфера сгущается настолько, что Элис кажется, будто ее можно потрогать рукой. Даже Санджун вынимает один из наушников. Осон и Хэсон застывают на месте. Стоя в нескольких шагах от них, Хиджун пренебрежительно смотрит на Элис. Чанмин и Киха сверлят его взглядом, а он продолжает:

— Что? Это правда! С самого приезда она только и делает что жалуется. А вы просто теряете время, отлынивая от работы…

— Хиджун! Что на тебя нашло? — повышает голос Санджун.

Чанмин и Киха переключают внимание на Элис, чье лицо искажается от боли. Она снова чувствует, что нужно бежать прочь из этого места. Где можно укрыться? Она не представляет, но лучше держаться подальше от этого типа. Почему он так жесток к ней?

Чанмин пытается ее удержать.

— Элис, я не знаю, что с ним творится, но он не…

Поздно. Девушка выбегает в коридор, захлопывая за собой дверь.

А ведь благодаря Чанмину и Кихе она только-только начала думать, что сможет приспособиться к ситуации! Элис бросает взгляд налево: кабинет продюсера. Нет, это бессмысленно. Ему плевать, каково ей сейчас. Помогать он не станет. Справа — лифт. Точно, спрятаться у себя в комнате. Хоть бы Сона там не было…

Она бросается к лифту, но не успевает сделать и пары шагов, как кто-то хватает ее за руку и резко дергает назад. Резко обернувшись, она сталкивается лицом к лицу с Хиджуном. Тот быстро отступает, но не отпускает ее.

— Чего тебе еще надо? — кричит Элис. — Мало оскорблял меня сегодня? Я же тебе ничего не сделала! Можно ведь просто не разговаривать со мной!

Опять этот обидный насмешливый взгляд. Хиджун поднимает идеальную бровь, встряхивает синими волосами, падающими на глаза, и Элис невольно снова чувствует ту самую дрожь, тот жар в глубине груди. Что-то нежное, обволакивающее, вызывающее желание забыть обо всем вокруг. Он так красив вблизи. Кожа такая нежная на вид, губы…

— Я не привык любезничать с нечестными людьми, — бросает он.

От удивления у Элис перехватывает дыхание, и она не может вымолвить ни слова.

— Я не… дело не в этом, ты ведь меня совсем не знаешь. И не в любезности тоже. Ты специально стараешься меня оскорбить. Иначе ты бы просто высказал своим приятелям по-корейски все, что думаешь обо мне. Но нет, ты говорил по-английски, чтобы я все поняла. Значит, хотел меня задеть.

Удивленное выражение на секунду появляется на лице Хиджуна, словно он только что осознал, что она права.

— Так и есть, — признает он.

Но Элис не знает, радоваться ли ей победе в этом споре или огорчаться еще больше. Взгляд певца смягчается, задерживаясь на ее лице, и она заливается краской. Похоже, он пристально рассматривает ее губы, щеки, потихоньку приближаясь к ней. Вот он уже совсем близко, как в том коридоре в Париже. В тот день, когда все началось. Кончиками пальцев он сжимает длинный каштановый локон, который часто падает Элис на глаза. Тот самый, который недавно держал в руке Киха.

Но движения Хиджуна совсем не такие, как у его друга. Намного интимнее. Он крутит прядь между пальцами, разглядывая игру света, и, похоже, оценивая мягкость волос. Дыхание Элис учащается. Эта близость кажется ей одновременно и неловкой, и волнующей.

Потом, не говоря ни слова, он отпускает прядь и заправляет ее за ухо, чтобы она больше не мешала Элис. Когда он убирает руку, его пальцы касаются щеки девушки, и та чувствует, как длинный электрический разряд пробегает вдоль позвоночника. Хиджун молча поворачивается и снова исчезает за дверью репетиционной.

Элис остается одна, в полной растерянности.

«Этот тип совсем того? То хамит без причины, а то вдруг так подкатывает? У него что, раздвоение личности? И что он имел в виду,

когда говорил про «нечестных людей? Это я-то нечестная? Что это было вообще? Ничего не понимаю».

Одно известно точно: когда он рядом, сердце Элис начинает колотиться невыносимо быстро…

— Сон!

Вернувшись в репетиционный зал, Хиджун обнаруживает, что Сон успел к ним присоединиться, и в приступе черной ярости не раздумывая бросается к нему. Вздрогнув от резкого оклика, Сон оборачивается и смотрит на друга, ничего не понимая.

— Чего тебе? — спрашивает он удивленно.

— Почему ты обошелся с Элис как подонок?

— Что?

Остальные участники группы прекращают разговор, но Хиджун этого даже не замечает, как и того, что танцевальные движения Санджуна замедлились, и тот внимательно смотрит на него. Вне себя от гнева Хиджун повторяет:

— Почему ты обошелся с Элис как подонок? Оглох что ли? Отвечай.

— Хмм… — подает голос Чанмин из своего угла. — Но ты ведь тоже вел себя с ней по-дурацки.

— Да уж, — бормочет издалека Хэсон.

Хиджун бросает на них такой мрачный взгляд, что больше никто не осмеливается возникать.

— Нет, я же не… — начинает Сон.

— Да! О чем ты только думал? Она сейчас далеко от родных, нас совсем не знает, общается только с Кимом, который считает, что имеет право распоряжаться жизнью всех вокруг. Тебе не кажется, что ей не помешала бы капелька сочувствия?

Сон издает короткий смешок, удивленный и нервный.

— Чего это ты вдруг? Ревнуешь, что ли? Тоже хочешь фальшивую невесту? Так забирай, мне не жалко. Я и сам от этого плана не в восторге, знаешь ли.

На мгновение дикая ярость охватывает Хиджуна, взгляд становится кровожадным, глаза мечут молнии. Ему хочется хорошенько вмазать приятелю, но насилие — не его вариант. Не желая переступать черту, после которой отношения с Соном будет уже не исправить, Хиджун сдерживается из последних сил, сдергивает полотенце с его шеи и швыряет на землю.

— Веди себя с ней как следует. Дело не в этой девчонке, на нее мне плевать. Дело в том, что твои выходки ставят нас всех под удар. Ты в курсе, что она ворвалась в кабинет продюсера и потребовала вернуть ее во Францию? Так что, ради группы сделай так, чтобы она была счастлива тут весь месяц. Уяснил?

— Ммм… Ок. Тише, приятель! — бормочет Сон, все еще тараща глаза.

Не говоря больше ни слова, Хиджун идет к Санджуну на негнущихся ногах. По телу все еще пробегают разряды электричества, и единственный, кто сможет его сейчас успокоить — это лучший друг. Санджун останавливается и молча косится на него.

— Ну? — огрызается Хиджун.

— Ничего, — пытаясь отдышаться, отвечает Санджун и протягивает другу бутылку воды. — Вот, попей.

Хиджун послушно отпивает, а за его спиной остальные участники группы понемногу возобновляют разговор.

— Пойдем, — зовет его Санджун, подталкивая под локоть. — Пора потанцевать.

Хиджун наконец-то улыбается.

Санджун верит, что танец может решить все проблемы. Но на сей раз это вряд ли поможет…

— Элис?

Сон просовывает голову в приоткрытую дверь. Элис медленно открывает глаза, задаваясь вопросом, под каким соусом ее сожрут сегодня. Но после той сцены с Хиджуном в коридоре она воспряла духом. Приготовила перекус из продуктов, которые нашла на огромной кухне. Но главное — хорошенько все обдумала.

Элис нужны эти деньги. Они могут изменить ее жизнь. Не может быть и речи, чтобы она отказалась от них из-за какой-то кучки кретинов. А Чанмин и Киха так вообще само обаяние! Остальные члены группы тоже проявили радушие. Может, они и приятные люди, просто нужно потратить чуть больше времени на общение с ними.

Как бы то ни было, учеба важнее всего. И плевать на внезапную враждебность этих придурков. Позволит ли она так с собой обращаться? Должна ли она извиниться за то, что оказалась в такой запутанной ситуации? В ней наконец-то проснулась настоящая Элис, которая почти исчезла после приезда в Сеул. Именно она, широко улыбаясь, отвечает Сону:

— Я тебя слушаю. Хочешь сказать мне очередную гадость?

Сон выглядит крайне смущенным.

— Я… Нет…

— Отличная новость! — восклицает Элис, откладывая книгу, которую до этого увлеченно читала.

— Я… Ким запланировал для нас прогулку.

Элис садится на кровати.

— Прогулку? Можно с этого места поподробнее?

— Ну…

Сон заходит в комнату, но остается возле двери, почесывая затылок.

— Тут такое дело… Я как-то сказал в интервью, что когда встречу девушку, которая мне понравится, то хотел бы прогуляться с ней при луне…

— А, да. Помню, читала где-то.

Оба замолкают.

— В общем, продюсер решил, что нам неплохо бы прогуляться вдвоем.

Снова воцаряется молчание: все более и более смущенное — со стороны Сона, и все более и более скептическое — со стороны Элис. Ему явно ужасно неловко. Голову опустил. Раскаивается. Такое ощущение, что этот высокий красавец сейчас не знает, куда себя деть. Когда он начинает переминаться с ноги на ногу, как ребенок, Элис наконец нарушает тишину:

— Сейчас? То есть, снаружи холод собачий, а мы должны идти гулять?

— Да.

Элис вздыхает. Несколько часов назад она бы ни за что не подчинилась, но теперь, собравшись с мыслями и с духом, она только вздыхает, поднимаясь.

— Мне надо надеть что-то конкретное?

— Я… я не думаю… Во всяком случае, Ким ничего не говорил. И… ммм… ты и так выглядишь отлично.

Потянувшись было за ботинками, девушка бросает на него скептический взгляд.

— Погоди, ты что, мне сейчас комплимент отвесил?

Сон снова чешет в затылке, отводя глаза.

— Вроде того.

Элис усмехается.

— Можешь особо не усердствовать. Не опозорю ни тебя, ни твоего дурацкого продюсера. Иду я, иду. Там же наверняка где-то в уголке прячутся СМИ? Иначе какой вам с ним смысл превращать меня в ледышку?

Сон откашливается.

— Вполне возможно.

Элис снова вздыхает, обувается и, обогнув Сона, выходит из комнаты.

— Идем.

По дороге к лифту они проходят через кухню-гостиную, где за стаканчиком собрались остальные члены группы.

— Хо-хо! Влюбленная парочка! — выкрикивают одни, вызывая смех у остальных.

— Не подумайте чего, — отзывается Элис, в ужасе от того, что они допускают такие предположения. — Просто ваш приятель так меня ценит, что выводит на прогулку на поводке, как собаку-поводыря.

Кто-то хохочет, Хэсон толкает Осона локтем в бок и подмигивает, Чанмин с видимым удовольствием посмеивается над Соном.

— Так тебе и надо, Сон! Эта малышка будет крутить тобой как захочет весь месяц, вот увидишь! Мужайся!

Элис тоже смеется, но резко прерывается, заметив мрачный взгляд Хиджуна, направленный на нее. К счастью, двери лифта открываются, и она быстро заскакивает внутрь вслед за Соном.

— Почему?

Вопрос возникает из темноты и повисает в воздухе. Хиджун в комнате один. Вокруг ничего нет, только свет. Очень слабый поначалу. Кажется, вопрос доносится оттуда, но при этом Хиджун слышит свой собственный голос. И не помнит, чтобы это произносил.

Свет приближается, постепенно обретая форму. Это уже не свет, а сцена. На самом деле Хиджун не в комнате. Он помнит, как лег на свою кровать сразу после того, как Элис ушла с Соном. Остальные еще продолжали болтать, а он встал из-за стола: вдруг захотелось побыть одному. Но Хиджун не помнил, как выходил из дома. И все же он сейчас снаружи, в парке, на который выходят окна его комнаты. Ветер холодит его лицо. Впереди Элис идет рядом с Соном. Он хочет догнать их, чтобы не оставлять одних, ведь внезапно даже мысль об этом кажется ему невыносимой.

Сон наклоняется к Элис и шепчет ей на ухо что-то, а она в ответ только пожимает плечами. Тогда он вдруг берет ее за руку. Девушка чуть отступает, резко поворачивает голову к Сону, и длинные локоны колышутся, выбиваясь из-под шапки, которую пришлось надеть из-за холода.

— Что ты делаешь? — слышит Хиджун.

Ему хочется подбежать и крикнуть Сону, что Элис не хочет, чтобы он держал ее за руку, пусть отпустит ее немедленно. Но изо рта не выходит ни звука. Ледяной ветер хлещет по лицу, бьет в нос запахами сосен и снега. Хиджун может только смотреть и пытаться быстрее переставлять ноги, чтобы догнать Элис и Сона, который крепче сжимает ее пальцы.

— Доверься мне, — шепчет он.

Элис молча смотрит на него, потом кивает и дает ему руку. Они уходят в глубь парка, туда, где деревья уже не скрывают гуляющих от прохожих.

Хиджун пытается бежать быстрее, чтобы догнать их. Он должен с ней поговорить. Ему нужно понять, почему он здесь, почему чувствует все это.

— Элис!

На этот раз ему удается закричать вопреки неведомой силе, которая не дает раскрыть рот и приковывает ноги к земле. Кажется, девушка его услышала. Он вложил все дыхание в этот призыв, но почему-то получилось лишь бормотание. Вдохнув глубже, он кричит как можно громче:

— Элис! Подожди меня!

На этот раз она останавливается и оборачивается.

— Что случилось? — спрашивает Сон.

Ярко-голубые глаза Элис вглядываются в темноту, но, хотя Хиджун стоит прямо напротив, в нескольких метрах, ее взгляд скользит мимо, словно она не видит его.

— Ничего, — тихо отвечает она. — На секунду показалось, что кто-то меня зовет.

— Идем, нам нельзя опаздывать, — говорит Сон, продолжая тянуть ее за собой.

Одинокий Хиджун смотрит, как парочка удаляется.

— Элис, — продолжает он для себя, — почему ты так поступаешь со мной?

Перед глазами понемногу мутнеет. Только ветер все еще чувствуется на лице. Тот же ветер, что ласкает щеки Элис и заставляет волосы взлетать над плечами.

Хиджун медленно просыпается в своей комнате. Он постепенно приходит в себя, и когда веки открываются, долго смотрит в потолок, теряясь в воспоминаниях об этом тревожном сне. Сильные запахи из ароматизатора с эфирными маслами щиплют нос. Горит только маленькая лампа на прикроватном столике. Остальная комната утопает во тьме. За окном ветер хлещет по стеклам.

Хиджуну не хочется думать. Не хочется понимать. Особенно понимать.

Он встает в тишине, идет в другой угол комнаты и берет стоящую там гитару. Ему хочется сочинять. На этот раз он напишет песню на английском. Не на корейском. Хиджун знает, что английский у него приблизительный, но не собирается отступать. Ноты, которые приходят ему в голову, требуют слов именно на этом языке.

Ты знаешь, я делаю вид, словно твое присутствие
меня не волнует,
Словно ты не можешь меня ранить.
Но в моем теле все вверх дном и охвачено холодом,

Пока мне нельзя дотронуться до тебя.
Одно прикосновение к твоей коже могло бы все вернуть на места.
Эта ситуация абсурдна.
Я больше не могу двигаться дальше.
Мне не хватает воздуха; эта мечта в конце концов задушит меня.
Мое тело — тюрьма, из которой я хочу убежать.
Когда ты не смотришь на меня,
Я чувствую себя одиноким, заключенным.
Я больше не могу дышать,
Словно самого себя мне уже недостаточно.
Приходи за мной.

Первые строчки пришли сами собой, а сейчас слова будто ускользают от него. Хиджун долго вертит их так и эдак, зачеркивает, переписывает. Ничего не выходит. Кроме этого фрагмента, рожденного из странного сна, который незаметно увлек и затянул его, больше нет ничего. Только опустошенность.

Вместо того, чтобы покрывать листы словами, он машинально начинает разделять их на ровные квадраты и превращать в журавликов с расправленными крыльями.

Откуда вдруг это ощущение пустоты? Ему казалось, что она рядом. Что он может с ней поговорить. А потом она взяла и ушла, словно ее влекло куда-то. Ее присутствие ему только приснилось? Он больше не чувствует ее, и слова упорхнули вместе с ней…

Элис резко открывает глаза, совершенно растерянная. Целую секунду она не может понять, где находится. Ей кажется, что она все еще где-то там, рядом с Хиджуном, поэтому то, что ноги запутались в одеяле, оказывается полной неожиданностью. На мгновение ее охватывает паника, а потом девушка все-таки приходит в себя.

Только тогда она садится на кровати, вся в поту.

«Этот сон был таким насыщенным!»

И наполненным его оригами. Такими красивыми, изящными. Элис вспоминает глаза Хиджуна, глядящие в пустоту, пока его пальцы, живущие своей жизнью, складывают листы один за другим, создавая бумажных птичек. Этот взгляд, такой нежный, такой потерянный… Хиджун был таким трогательным, что в какой-то момент Элис протянула руку, чтобы его коснуться. Так, словно этот жест был естественным, словно он ей принадлежал. Именно в этот момент она резко проснулась.

Всего лишь сон, и ничего больше.

Хиджун — такой, каким она хотела бы его видеть. Но настоящий певец не имеет ничего общего с ее фантазиями.

Элис встает и идет на кухню, чтобы попить воды. В коридоре ее охватывает дрожь: она все никак не отойдет от сна. Сила чувств, которые она испытывала там, была просто невероятной. Не то что во время прогулки с Соном.

«Это было безумно скучно!» — думает она и сама смеется своим мыслям.

Сон вел себя не так ужасно, как когда Элис только приехала. По большей части помалкивал, а это уже прогресс. Они почти не разговаривали. Она играла свою роль, он — свою. Больше ничего. В целом, все прошло не так ужасно, как она себе представляла. Не считая разве что скуки и корейского холода космических масштабов.

Задумавшись, Элис не сразу замечает голоса, доносящиеся с кухни. А когда она наконец-то выбирается из мягкого кокона, сотканного из остатков сна, уже слишком поздно. Сон и его собеседница — молодая густо накрашенная кореянка с накрученными локонами, тяжелыми от лака, — резко замолкают.

«Ю? Актриса Ю?»

Они с Соном явно о чем-то спорили, и появление Элис прервало их напряженную беседу.

— Что ты тут забыла, а? — выплевывает Ю английские слова, которые отлично передают всю ее агрессию.

— Эй, потише! — осаживает ее Элис. — Я вообще-то зашла воды выпить, а не ядерную войну объявить. Так что занимайтесь своими делами, а ко мне не лезьте.

Элис надоело, что ее ни в грош не ставят. Оказавшись вдали от дома, в такой противоречивой ситуации, она поначалу растерялась, но уже пришла в себя и теперь не позволит обращаться с собой как попало.

«Alice is back[1], стерва».

Девушка спокойно шествует к холодильнику мимо хамки, которая испепеляет ее взглядом.

— Нет, что она о себе возомнила? Это та дуреха, которая должна играть твою подружку, да?

Элис достает бутылку с водой, захлопывает дверцу холодильника и опирается на нее.

«Ну все, на этот раз без жертв не обойдется».

Но она не успевает парировать: вдруг раздается раскатистый голос Сона.

— Ю, прекрати. Я не позволю тебе так обращаться с Элис. Она мне очень дорога, и если я хочу быть с ней, а не с тобой, то это мой выбор, и ничего с этим поделать ты не сможешь. А теперь уходи, прошу тебя.

Элис и Ю как по команде поворачиваются к Сону, который стоит, облокотившись на стойку в центре кухни. Обе девушки смотрят на него в полной растерянности.

— Серьезно? — удивленно бормочет Элис.

Ю только усмехается, коротко и горько.

— Ты реально хочешь, чтобы я поверила, что эта растяпа тебя соблазнила?

[1]Элис вернулась (*англ.*)

В ответ Сон молча подходит к Элис, обнимает ее за плечи и прижимает к себе, словно защищая. Девушка сразу напрягается, но все же чуть наклоняется к нему. Смотрится это все максимально неестественно.

На кухне воцаряется полная тишина, пронизанная крайне противоречивыми чувствами. Элис еле сдерживается, чтобы не расхохотаться от всей нелепости ситуации. Ю готова взорваться от закипающей ярости. А Сон изо всех сил старается не подавать виду, насколько ему неловко.

— Это бред какой-то! — наконец вскрикивает Ю.

Она сверлит их взглядом, словно пытаясь уничтожить на месте, а потом снова вопит:

— Нет, это же полный бред!

— Да слышим мы, слышим. Не глухие. А если бы и были, то с учетом твоих вокальных данных, все равно поняли бы с первого раза. Не надо повторять, — посмеивается Элис, начиная подыгрывать Сону.

— Я все выложу прессе! — грозится Ю, коварно ухмыляясь.

— Валяй, старушка, — беспечно отзывается Элис.

«В конце концов, именно для этого я здесь, так ведь?»

Ю открывает рот, но самоуверенность соперницы лишает ее дара речи. Молча развернувшись, она вбегает в лифт. Когда двери закрываются, Сон начинает хохотать. Он отодвигается от Элис, оставив руку на ее плече.

— Вау! Вот это да! Здорово ты ее уделала.

Но Элис тут же охлаждает его пыл.

— Эй, успокойся. Мы с тобой еще не друзья. Ты в курсе, что ведешь себя как псих?

— Как псих? — мямлит Сон по-английски, сомневаясь, что правильно понял.

— Когда я приехала, ты отнесся ко мне просто ужасно, хотя вообще-то эта ситуация бесит меня не меньше, чем тебя. А стоило твоей пассии объявиться — и ты уже изображаешь джентльмена, защитника вдов и сирот. Прости, но со мной этот номер не прокатит. Маниакально-депрессивные психи не в моем вкусе. А ведь раньше я тебя боготворила!

— Ты меня боготворила? — повторяет Сон, совершенно сбитый с толку.

— А Зоэ? Если она узнает, какой ты на самом деле, то ужасно разочаруется, как и остальные фанаты!

— Остальные…

— Ты за мной каждое слово повторять будешь? — не выдерживает Элис, наконец-то сбрасывая с плеч груз, скопившийся с момента ее приезда.

«Как же это здорово — высказать ему все, что я думаю!»

— Ты спишь на диване, –приказывает Элис не терпящим возражения тоном.

— На диване…

Сона словно оглушили. Элис треплет его по щеке, на седьмом небе от того, что восстановила авторитет.

— Вот именно. На диване. Спокойной ночи, Сон.

С этими словами она поворачивается и уходит в комнату, чтобы зарыться там в теплое одеяло.

Дзинь. Дзинь. Дзинь. Дзинь. Дзинь. Дзинь. Дзинь.
Дзинь. Дзинь.
Дзинь. Дзинь. Дзинь. Дзинь. Дзинь.

После целительного сна Элис просыпается рановато.
Все как в тумане, мозг словно обложен ватой.
Разница во времени. Радость-то какая.
Элис садится на кровати.

Дзинь. Дзинь. Дзинь. Дзинь. Дзинь.

Что это за шум?

Дзинь. Дзинь. Дзинь.

Ее мобильный.

Дзинь. Дзинь. Дзинь. Дзинь. Дзинь. Дзинь. Дзинь.
Дзинь. Дзинь.

— Да сейчас, сейчас!

Вокруг все еще непроглядная тьма. Глубокая ночь.

Девушка щурится: на соседней кровати кто-то шевелится.

— Сон? Я же отправила тебя спать на диван, — вяло удивляется она.

Вдруг рядом включается свет, и Элис видит лицо певца, его растрепанные волосы… голый торс.

«Ухх…»

Она закашливается, поперхнувшись слюной.

— Черт, Элис! Выруби эту штуку!

Дзинь. Дзинь. Дзинь. Дзинь. Дзинь. Дзинь. Дзинь. Дзинь. Дзинь.

— …эту штуку?

— Ты за мной каждое слово повторять будешь? — передразнивает ее он, явно не в духе. — Твой мобильник! Мобильник! Он сейчас взорвется, усмири его как-нибудь!

Наконец сообразив, в чем дело, Элис находит глазами мигающий огонек, который сходит с ума от количества оповещений.

— Сколько сейчас времени, блин? — ворчит Сон, пытаясь окончательно проснуться. — Пять утра! Не может быть! Мне через час вставать на репетицию. Я пропал! Зря ты так. Выключай телефон на ночь, ладно?

— Да. Извини…

Элис наконец-то выключает мобильник, упавший на ковер.

734 уведомлений от Facebook. Нет, 845 от Facebook и 57 от WhatsApp. Нет, уже 964 уведомления от Facebook.

Да что за…

— Сон… Похоже, Ю сдержала слово. Пресса уже в курсе. И твои фанатки тоже…

В усталых глазах сильно жжет. Сгорбившись над чашкой кофе на кухне, Элис не представляет, как быть дальше.

Заря только занимается, но даже этот бледный свет кажется ей нестерпимым.

В голове вспышками возникают воспоминания о прошлой ночи. Сотни и сотни запросов в друзья на ее страничке в Facebook, статьи на фанатских сайтах, лживые домыслы, дурацкие попытки расследований, догадки о том, кем она является, а кем нет.

И совершенно замечательная группа в Facebook:

Анти-Элис

Почти тысяча подписок и очень милое сообщение в профиле:

Первая группа ненавистников Элис.
Мы хотим, чтобы Сон принадлежал только нам, а не этой девушке.
И не хотим, чтобы он ушел из 7Х ради нее. #АнтиЭлис

«Великолепно!».

А на аватарке — прекрасная фотография Элис, замазанная красным.

Самая большая волна негодования шла от кореянок. С французской стороны, помимо привычных «Люди просто любят друг друга. Отстаньте уже от них» и «Я люблю Сона. Если он счастлив, я тоже счастлива», реакция оказалась вполне положительной: многие радовались, что певец выбрал их соотечественницу.

«Как трогательно. Вот же, адекватные девушки!»

И, разумеется, полмиллиарда сообщений в WhatsApp с вопросом, каково Элис сейчас.

«Каково ей сейчас?
В общем-то, неплохо...»

Девушек, которые ее оскорбляют, она не знает, так что их возмущенные вопли ее не задевают. Разных отзывов так много, что они словно взаимоуничтожаются. Остается только сильная усталость и желание, чтобы эта авантюра поскорее закончилась.

Что ж, вот и ее выход. Теперь нет пути назад.

Прошлой ночью Сон отреагировал очень спокойно. Пока она сидела в оцепенении, не зная, как реагировать на сообщения, которые безостановочно сыпались изо всех соцсетей, он мягко вынул телефон у нее из пальцев.

— Я сейчас же разбужу пиар-команду. Они тебе помогут. Можно я заберу? Надо им это все показать.

Она быстро отдернула руки, словно мобильник обжигал их. Когда Сон вернулся с заспанной женщиной, Элис сидела там же, не сдвинувшись с места.

— Давайте я подскажу, как с этим всем справиться? — тихо спросила женщина в пижаме со смешным рисунком.

Маленькие пухлые дракончики, а ей ведь уже около сорока.

— Не надо, спасибо.

— Что? — переспросила женщина, не понимая реакцию девушки.

— Простите.

Элис пришлось поднять голову и посмотреть собеседнице прямо в глаза. Та уже хотела откланяться, как вдруг дверь снова открылась, и в проеме показались головы остальных участников группы.

К счастью, Элис была слишком сонной, чтобы осознать, что она сидит на кровати в одной ночнушке в окружении всех 7X.

Хэсон ободряюще похлопал ее по плечу, Осон мягко улыбнулся. Санджун, как и раньше, молчал и внимательно смотрел на нее. Чанмин подсел к Элис и взял ее за руку.

— Ты как? Мы много чего просмотрели, там куча классных отзывов. А на остальное забей.

Элис взглянула на него, широко распахнув глаза.

— Спасибо, Чанмин, я в порядке.

Она невольно поискала глазами Хиджуна. Тот стоял чуть поодаль, скрестив руки и прислонившись к стене, не сводя с нее взгляда. Желваки перекатывались под кожей, которой касались синие пряди.

— Прекрати, Чанмин, — прошипел он. — Это жутко, и все тут.

Элис приподняла бровь.

Что он имел в виду? Что было жутко? Что из-за нее им пришлось встать посреди ночи? То, что с ней произошло? Положительные отзывы? Или наоборот, отрицательные?

Невозможно понять. Элис пожала плечами и, взбодрившись, переключила внимание на женщину, которая выполняла обязанности ассистента по связям с общественностью или вроде того.

— Простите, я не совсем понимаю, что происходит. Но мне не хочется с этим всем разбираться. Вы не могли бы сделать это за меня?

— Но… но… — женщина запнулась. — Участники группы каждый день по два часа отвечают поклонникам, и… не волнуйтесь, мы будем рядом.

— Да, это все здорово, но поймите, я тут всего на месяц. Мне не нужны какие-то «фанаты». Я — Элис, просто Элис. Обычная девушка. Шумиха поднялась не из-за моих уникальных талантов или личных качеств. Как нам всем известно, эти незнакомые люди интересуются мной лишь постольку, поскольку я якобы встречаюсь с Соном. Так какой смысл в том, чтобы именно я общалась с ними? В лучшем случае через пару дней ляпну что-нибудь не то, а вам придется расхлебывать. Популярность меня не привлекает. Давайте я отдам вам логин и пароль от моего Facebook. Вы наверняка справитесь намного лучше. Ведь все должно быть идеально. Ради этого я тут, правда? Чтобы карьера Сона вернулась в прежнее русло. Чтобы у 7X все стало хорошо.

Подумав, женщина молча кивнула, и Элис написала ей свои данные на листочке. Потом все вышли из комнаты. Перед уходом Чанмин сжал ее руки.

— Спасибо, Элис. Правда. Это здорово.

Девушка слабо улыбнулась.

— Просто стараюсь вам помочь, чем могу.

— Я очень рад, что ты здесь. И не только потому, что это полезно для карьеры Сона, — Чанмин улыбнулся, и две милые ямочки появились на щеках.

За его спиной Хиджун вздохнул. Раздраженно? Согласно?

В любом случае, мрачно.

Элис так и не смогла заснуть.

И вот теперь она в прострации, а парни — на репетиции. Нельзя отсиживаться тут весь день. Полчаса назад ей выдали пропуск, так что она может попасть на рабочий этаж группы. Пожалуй, это и стоит сделать. В конце концов, подобный шанс выпадает нечасто.

Наспех ополоснувшись, Элис быстро надевает джинсы, кроссовки и широкую футболку.

«Хочется быть как дома».

Спустившись на этаж ниже, она проскальзывает в репетиционную. Парни полностью поглощены работой. В свободной одежде они танцуют перед зеркалом, снова и снова повторяя одни и те же движения. Тренер делает замечания: слишком высоко поднял руку, недостаточно выставил колено назад. Ни одна мелочь не остается без внимания, и каждый раз все повторяют связку полностью, не жалуясь. Каждый жест должен быть безупречным, плавным, плавным, плавным. Пока все не отложится в мышечной памяти настолько, что сложный танец превратится в цепь рефлексов, простых и естественных, как дыхание.

«Впечатляющее зрелище».

Элис изо всех сил старается не задерживать взгляд на Хиджуне. Приходится признать, что все эти сны невероятно ее волнуют. Как и его присутствие. По клипам этого не скажешь, но он определенно излучает что-то такое, чего куда меньше в остальных. Силу, уверенность. Словно какие-то мрачные события в прошлом подтолкнули его, и он преодолел себя, обрел гармонию с самим собой.

На плечо ложится ладонь, и Элис вздрагивает, замечая, что все-таки невольно засмотрелась на Хиджуна распахнутыми от восхищения глазами.

— Идем, Элис, — раздается голос сзади.

Она оборачивается. Это Ким.

«Не ожидала его здесь встретить».

Опомнившись, она встает и идет к выходу вслед за ним. Заправляя прядь за ухо, Элис смотрит в зеркало и встречает взгляд Хиджуна, такой пронзительный, что у нее чуть не подкашиваются ноги.

Элис закрывает за собой дверь в кабинет Кима. Продюсер доволен. Он просто хочет поблагодарить ее за то, что она доверила управление соцсетями его пиар-команде.

— Да мне плевать, довольны вы или нет, — бормочет Элис, разглядывая свои ноги.

На лице Кима появляется невыносимая ухмылка.

— Я вас услышал, Элис. И так как мне тоже плевать, довольны вы или нет, спешу сообщить, что завтра вы пойдете по магазинам. На глазах у журналистов.

— Как прикажете.

— Вот и славно. Просто умничка.

Девушка пожимает плечами.

«Кретин!».

Ледяная улыбка Элис прекрасно отражает ход ее мыслей.

— Разрешите откланяться, ваше величество?

— Да, убирайтесь.

Элис с радостью захлопывает за собой дверь. Скорее, обратно в репетиционную. Там было хорошо, словно в коконе.

Но к ее приходу зал уже пуст: репетиция закончилась. Значит, пора возвращаться в комнату. Скоро обед, и лучше провести его в спокойной обстановке. Еще надо написать Зоэ, а то с нее станется от беспокойства рвануть в Сеул и взять The Hill в осаду.

Вдруг до Элис доносится мелодия. Вернее, голос. Глубокий и мягкий, вроде бы незнакомый. Дверь напротив лифта приоткрыта, и девушка тихонько подходит к ней.

Элис уже совсем близко, но все равно не может понять, кто поет. Точно не один из вокалистов 7X. Она обожает аранжировки группы, но довольно часто слушала их а капелла на Youtube. Это не мягкий и высоковатый голос Сона и не Киха с его четким выговором.

Мужчина поет по-английски с сильным акцентом. И его тембр задевает самые потайные струны в глубине ее души.

Ты знаешь, что я делаю вид, словно твое
присутствие меня не волнует,
Словно ты не можешь меня ранить.
Но в моем теле все вверх дном и охвачено
холодом,Пока мне нельзя дотронуться до тебя.
Одно прикосновение к твоей коже могло бы все
вернуть на места. Эта ситуация абсурдна.

«Да нет же, я узнаю этот голос. Я его знаю. И уже очень давно.»

Вдруг певец начинает постукивать по гитаре, начитывая рэп.

Я больше не могу двигаться дальше.
Мне не хватает воздуха; эта мечта в конце концов
задушит меня.
Мое тело — тюрьма, из которой я хочу убежать.
Когда ты не смотришь на меня,
Я чувствую себя одиноким, заключенным.
Я больше не могу дышать,
Словно самого себя мне уже недостаточно.
Приходи за мной.

И тут все становится ясно.

Когда тебя нет рядом, свет гаснет.
Ты взорвала меня на куски,
Оторвав от реальности.
Быть таким рассеянным — опасно.
Приходи за мной:
В одиночестве мне не спастись.

Околдованная, Элис не задумываясь толкает дверь.

— Хиджун?

Юноша вздрагивает.

«Нет, только не она. Только не она!»

— Я ни разу не слышала, как ты поешь один! Вот и не узнала сразу твой голос, но, конечно же, это ты!

Элис неловко улыбается ему. И эта радость, эта нежность, сияющая в голубых глазах девушки, которая стоит перед ним, все еще сжимая ручку двери, заставляют его застыть на месте.

Невозможно, ужасно. Пусть она немедленно прекратит вызывать у него такие чувства.

Паника нарастает, путая мысли. Для него это чересчур. Эмоции вдруг переполняют его, сталкиваются внутри, душат. Еще мгновение — и он сломается, не в силах сделать вдох, или разрыдается от того, что рана в груди открывается тем сильнее, чем шире улыбается Элис.

Невозможно. Этот взгляд и эта нежность не могут быть предназначены ему. Слишком больно.

Оставив гитару на полу, Хиджун резко встает и, пошатываясь, хватается за стену.

— Замолчи, — огрызается он.

Элис перестает улыбаться и недоуменно смотрит на него.

— Заткнись! — вдруг срывается на крик Хиджун.

Он кричит, потому что понимает, что его злость уничтожает нежность Элис, заставляет ее глаза потускнеть и наполниться грустью вместо той штуки, того чувства, которое он не хочет там видеть.

Ей больно, когда он кричит. Ей больно, когда он ее отталкивает.

«Вот и хорошо. Так и должно быть».

Но сейчас ему снова плохо. Но причина уже другая. Он винит себя за то, что заставил ее страдать. Теперь он проклинает себя за это. Потому что не смог защитить ее от самого себя, от собственного страха.

Прочь отсюда, от нее, и как можно скорее. Чтобы снова взять жизнь в свои руки.

По дороге он наступает на гитару — ну и пусть; сталкивается с Элис и чуть не падает, сраженный ее близостью, словно молнией — ну и пусть.

— Стой!

Она протягивает руку.

«Бежать».

— Стой! Прости! Я не хотела… Это было так красиво.

Только не это. Он не вокалист, а рэпер. Стать вокалистом — его мечта. Нельзя, чтобы она поверила в него. Только не она. Он не настолько силен, не настолько хорош, чтобы это заслужить.

Хиджун уже вне комнаты, он больше не видит Элис. Она у него за спиной, и он бросается к лестнице, несется по ступенькам, словно верит, что бешеный стук сердца поможет опустошить голову, стереть память. Нажать на delete и сделать вид, что этой сцены никогда не было.

Глава 4

Предательство

— Элис?

Девушка поднимает голову от чашки чая и машинально давит несколько крошек, оставшихся от тостов, которые она съела, несмотря на ком в горле. Сон переминается с ноги на ногу на пороге кухни.

— Могу я с тобой позавтракать?

— А разве ты не у себя дома?

Сон специально говорит нежным и мягким тоном, почти шепотом, но ей не хочется быть с ним милой. Особенно этим утром. Особенно после всего того, что произошло накануне. Вся эта ситуация, комната, да еще и Хиджун... Она слишком мало спала. Или точнее совсем не спала, а проплакала всю ночь в подушку, упрекая себя за слабость. Плакать из-за такого просто нелепо. К тому же это бессмысленная трата времени.

На глазах вновь выступают слезы и неприятно жгут веки. На мгновенье подбородок вздрагивает, и лицо искажает гримаса, характерная для того, кто готов расплакаться.

— Тише. Тише, — шепчет Сон, приближаясь к ней. — Что случилось?

Он кладет руку ей на плечо. Но она отвергает его. Вскакивает на ноги, барный стул с грохотом падает на пол.

— Ты хочешь знать, что случилось? Вы — банда психов, сделавшая меня несчастной, вот что случилось!

Сон смотрит с недоверием, а Элис отталкивает его и бросается через коридор в свою комнату. Сон перехватывает ее, едва она успевает сделать пару шагов. На душе тяжело. Она замирает на месте, опустив руки.

— Элис, прости. Прости за все.

Его слова только ухудшают состояние девушки, которая больше не в силах сдерживать рыдания. Она закрывает лицо ладонью.

— Мне нужно уехать. Я здесь никому не нужна. Все против меня. Я просто хочу вернуться домой.

Не давая ей возможности уйти, Сон прижимает Элис к себе, заключает в объятия, укачивает, словно маленькую девочку, повторяя:

— Прости меня, Элис, прости. Прости.

Через какое-то время, сама не замечая, как, она слегка расслабляется. Напряжение спадает, и она вдыхает аромат Сона. От него едва уловимо пахнет одеколоном. Простым и немного старомодным. Но от того не менее сексуальным. Она кладет голову ему на плечо, уютно устроившись в кольце крепких рук, которые словно не позволяют ей упасть. У Сона широкие плечи. Внушительные. Они подобны скале, твердой и несгибаемой. Ощутив, что девушку немного отпустило, молодой человек утягивает ее на большой кремовый диван. Убедившись, что Элис устроилась с комфортом, он берет ее руки в свои. Она не решается смотреть на него, но те краткие взгляды, что он бросает, удивляют ее. На его лице читается не жалость, а чувство вины.

— Я действительно должен перед тобой извиниться, Элис.

— Должен, — вздохнула она. Казалось, что она готова снова заплакать.

— В том, что произошло, нет твоей вины.

— Вот именно! Я же ничего не просила, — восклицает она между двумя всхлипами, сжимавшими горло.

Сон огорченно опускает голову.

— Ты абсолютно права. Ты ни в чем не виновата и я должен перед тобой извиниться. И вот я....

Юноша запрокидывает голову и его густые каштановые волосы струятся назад, вызывая желание запустить руки в эту копну, проверить ее мягкость. Он глубоко вздыхает, смотрит наверх, будто бы ищет на потолке верную интонацию, слова, с которых лучше начать этот непростой разговор.

— Я знаю Кима с самого детства.

Он кусает губы. На сей раз Элис внимательно на него смотрит. Она чувствует: то, что он собирается рассказать, значит для него очень много. И каких сил ему стоит во всем признаться. Сон опускает голову, прикрывает глаза, словно погружаясь внутрь себя, воскрешая воспоминания. Он в последний раз сжимает руку Элис, будто бы пытается набраться смелости, чтобы, наконец-то окончательно решится.

— Ким и я выросли вместе. С самого детства мы все делали сообща. Наших отцов это очень забавляло. Тем не менее, мы были очень разными. Ким из состоятельной семьи, чего нельзя сказать обо мне. Мой папа работал на его отца. Был его шофером. Когда мама умерла...

На мгновенье голос ему изменяет, но он находит в себе силы продолжить. Это не может не трогать Элис. Она начинает думать о своей матери. О своем отце. Она чувствует боль от его утраты, глубокую рану, которая их роднит. Горе ужасно и безутешно.

— Мне было шесть, когда мама умерла. Папа один растил нас с младшим братом. Приходилось тяжело. Да и рабочий график был сложный, отец Кима был крупным промышленником. К счастью, начальник оказался хорошим человеком. Входил в положение и искренне сочувствовал. К примеру, поначалу он даже ничего не сказал, когда папе пришлось взять нас с собой на работу. Мы все вместе сидели в машине, читали книжки, слушали музыку, ожидая, когда закончатся совещания отца Кима. Примерно через месяц тот сказал моему отцу, что так дальше продолжаться не может, а машина не место для детей. Папа запаниковал, решил, что его увольняют. Однако отец Кима успокоил, объяснил, что не собирается лишать его места. Вместе этого он предложил: оставляйте своих сыновей вместе с моим, это значительно лучше, чем брать их в машину. Папа был потрясен. Ему казалось это неприемлемым, или точнее он очень стеснялся. Однако отец Кима настоял на своем. Его единственный сын был чуть младше меня и нуждался в компании, так как рос очень замкнутым и необщительным. Так все и началось. Дружба между мной и Кимом. Мой младший брат повсюду следовал за нами. Мы повзрослели и стали по-настоящему неразлучны. Подростком Ким чего только не пробовал, скажем так.

Элис недоверчиво приподнимает бровь. Трудно представить себе Кима в возрасте 16–18 лет иначе чем гнусным равнодушным типом, довольно асоциальным и погруженным в работу.

Сон замечает выражение ее лица и улыбается.

— Согласен, глядя на него сегодняшнего, сложно поверить, что он был ненормальным. Но, тем не менее, в то время он заставил отца поволноваться. Понимаешь, Ким был его наследником. Нужно было вернуть его в строй. Чтобы хоть как-то успокоить отца Кима, мне пришлось поручиться, что его сын никогда не зайдет слишком далеко. Я уже тогда увлекался музыкой и танцами. Я жил только этим. Думаю, отец Кима надеялся, что видя мое упорство, остервенение, с каким я иду к цели, — стать K-pop певцом — его сын изменится. Но не это положило конец беспечной эпохе.

— Что же произошло? — спрашивает Элис очень тихо, чтобы не разрушить момент, когда Сон дошел до самой болезненной части своей истории.

Молодой человек делает паузу. Он нервно вытирает руки о штаны. Элис вновь берет его руки в свои. Он смотрит на нее с благодарностью. В его темных глазах нет больше ни напряжения, ни раздражения. Скорее они светятся дружбой.

— Мой младший брат умер. Его сбила машина. Было поздно, я задержался на занятиях по танцам. Ким в очередной раз где-то валял дурака, но должен был приехать меня забрать. Но никто не появился. Я действительно не обращал внимания на время. Только когда мышцы свело от усталости, я заметил, что на улице очень тихо. Сеул глубоко спал. На часах было четыре часа утра. Сначала я подумал, что Ким бросил меня. Но когда взял мобильный, то все понял.

Сон опускает голову. У Элис сжимается сердце. Она знает, в какую бездонную пропасть они погружаются. Она ничего не чувствует кроме страданий юноши. Глаза наполняются слезами.

— Мне так жаль, — вздыхает она.

Сон ловит ртом воздух, пытаясь прийти в себя.

— С тех пор Ким переменился. Думаю, он понял, насколько хрупка наша жизнь. Он сказал, что в отличие от меня никогда не имел четкой цели, а потому сделает все, чтобы я реализовал мечты. Что никогда не позволит мне бросить петь и до последнего вздоха будет мне помогать.

В комнате воцаряется тишина, Элис надеется, что никто из группы не придет и не испортит момент. Сон должен дойти до конца своей исповеди, чтобы облегчить душу.

— Именно поэтому Ким стал таким холодным и резким. Ему наплевать, что люди его не любят. Ему вообще на все плевать, если это не касается меня и моей карьеры. Он не понимает, что порой трудно оставаться кумиром в повседневной жизни. Быть популярным, конечно, здорово, но и очень тяжело. У нас так мало времени для того, чтобы расслабиться, побыть самими собой. Я не решаюсь сказать Киму нет. Он стольким ради меня пожертвовал. Он не понимает, что хотя благодаря ему я добился всего, чего хотел и даже больше, у меня есть принципы, заложенные родителями. Вранье в их число не входит. Именно поэтому я так отреагировал на твое появление. Этот идиотский план не для меня. Совсем. Это так на меня не похоже. Кроме того, меня мучает мысль, что тем самым я вру самому себе. Но ты абсолютно ни в чем не виновата. Это я наговорил Ю глупостей. Не выдержал напряжения. Вымотался, а она этим воспользовалась. А ты здесь ни при чем. Это полностью моя вина. И если вначале я думал, что...

Он смотрит на Элис, внезапно смутившись...

— Думал, что?

— Что ты тоже пользуешься ситуацией. Что ты точно такая же, как Ю, что для тебя важна только моя популярность, моя слава. Что тебя, в конечном счете, все устраивает.

— Вовсе нет!

— Сегодня ночью я это понял. Тебе так же сложно, как и мне.

— Если бы ты знал, насколько, — вздыхает Элис.

Сон внимательно смотрит на нее, будто бы пытается найти ответ в глубине ее глаз.

— Так зачем же ты пришла сюда, Элис? Допустим, у меня нет выбора. Но ты, что ты здесь делаешь?

Элис кусает губы. Сон полностью ей открылся. Теперь она его хорошо понимает и сочувствует ему. Гнев улетучился. Она прощает ему все выходки и обидные слова. Она хочет стать его союзником.

— Кто знает о том, что ты мне рассказал? — спрашивает она.

— Ким.

— И все? Хочешь сказать, что другие участники группы не в курсе?

— Нет. Ким считает, это плохая идея. Не стоит, чтобы все обсуждали мое привилегированное положение. Они лишь знают, что мы знакомы с детства, больше ничего. Думают, что мы едва пересекались, пока мой отец работал на его отца.

Девушка кивает головой.

— Я обещаю, что сохраню в тайне то, что ты мне доверил. Но ты должен поступить также с тем, что я собираюсь тебе рассказать. Согласен?

— Конечно!

Элис улыбается и начинает говорить:

— Я потеряла родителей. И если я продержусь месяц, изображая твою девушку, Ким оплатит мою учебу. Потому что...я сделала выбор несколько лет назад. Когда родители умерли, я была еще очень юна. Мне еще не исполнилось восемнадцать. Они слишком рано ушли, слишком. Они не были богатыми людьми. Им нечего было мне завещать, кроме нашего домика в Бретани, где мы обычно проводили каникулы. Там мы были предоставлены друг другу. Папа с мамой принадлежали только мне. Лучшие мои воспоминания связаны с этим местом. Там мои корни. Мое убежище. Но как можно в семнадцать лет содержать дом и одновременно планировать дальнейшую жизнь? Мне советовали выставить дом на продажу. Но это было невозможно. Я бы никогда с этим не смирилась. Это все, что мне осталось на память о родителях. Но вместо того, чтобы продать дом и отложить деньги на учебу, я решила его сохранить. Теперь мне приходится работать как сумасшедшей, чтобы оплачивать занятия. Я хочу стать переводчиком. Сейчас я осталась без средств. Нужно либо просить денег у тети, либо выкручиваться самой. Это сложно, но я ни секунды не жалею о сделанном выборе.

Сон кивает, пересматривая в свете открывшейся информации все, что они пережили с Элис с момента ее приезда. Он отпускает руки девушки и запускает пальцы в волосы, запрокидывает голову и издает гулкий стон. Мускулы на предплечьях судорожно сжимаются.

— Я вел себя, как последний дурак.

— По правде сказать, как настоящий кретин, — смеется Элис.

— Дебил.

— И еще какой.

— Эй! Не перебарщивай!

Он улыбается, а затем ловко, по-кошачьи, бросается на Элис и начинает ее щекотать. Они устраивают потешный бой на диване. Они украдкой смотрят друг на друга и разражаются смехом.

— Я рад, что ты здесь, Элис. Я имею в виду... Рад, что ты пройдешь все это вместе со мной.

На сей раз они в открытую улыбаются друг другу.

«Ненавижу шопинг, ненавижу шопинг...»

Эта мысль беспрестанно крутится в голове девушки. Но на самом деле это неправда. Она обожает ходить по магазинам. Только без принуждения и не в компании Зоэ и ее друзей.

Элис стоит полуголая в примерочной и растирает кожу, покрытую мурашками.

— Как же холодно! Сон, ты мой должник!

Она улыбается, вспоминая время, которая провела с ним утром. Она рада узнать о нем больше, тронута его доверием и счастлива, что у них так много точек соприкосновения.

Теперь, когда он с ней не так холоден, ее задача значительно упростится.

Элис натягивает свитер, дрожа всем телом. Сеанс окончен. Репортеры, о которых ее предупреждали, успели сделать необходимые снимки. Она видела их краем глаза. Настоящие фальшивые фотографии. Она присоединяется к женщине из компании ХМ, сопровождавшей в этой вылазке. Дама, не проронившая ни слова с тех пор, как они встретились на первом этаже дома, как раз забирала пакеты с вещами, которые Элис на самом деле не выбирала. Она прямая, как палка, ее гладкие черные, как смоль, волосы стянуты шиньоном.

Магазин огромен. Нежно персиковые стены буквально дышат роскошью. Элис старается не обращать внимания на цены. Она уверена в одном: это пустая трата денег. Вернувшись во Францию, она никогда не станет носить эти наряды. Она выбрала вещи исключительно корейских дизайнеров, чтобы выказать уважение к стране. Вечером она наденет платье, созданное на подобие традиционного ханбока. К юбке с завышенной талией прилагается укороченный жакет с v-образным воротом.

Вот так. В течение нескольких недель она не принадлежит себе. Она ходит туда, куда ей говорят, носит то, что просят надеть, делает вид, что любит то, что должна любить, чтобы быть идеальной временной пассией.

Бедный Сон. Должно быть это очень тяжело. В ее случае фарс длится всего несколько недель, а Сон идругие члены группы живут так изо дня в день годами.

Настоящая золотая клетка.

Да, но он делает это ради сжигающей его страсти и удовольствия, которое делит с фанатами, напомнила Зоэ. Элис позвонила ей, когда Сон ушел на репетицию.

Общение с ней очень много дало Элис. Веселый голос, наивные, полные эйфории комментарии кузины вывели ее из ступора.

Ей хочется стать для Сона идеальной. Чтобы все это оказалось не напрасным.

Погруженная в свои мысли, она чуть не сталкивается на выходе из магазина с молодой женщиной с длинными темными искусственными локонами.

Ю.

Кажется, она вылила на себя целый флакон духов. Сильный и слегка тошнотворный аромат должен был оповестить Элис о ее появлении. «Шанель». Этот роскошный запах она узнает где бы то ни было. Но им нельзя злоупотреблять! Ни в коем случае! Аромат на редкость нежный и деликатный. Легкий покров добавляет шика. Если же им злоупотреблять, можно запросто удушить всех вокруг.

— Привет, Элис, — восклицает Ю, чмокнув ее в щеку.

Девушка смотрит на нее озадачено.

«Что могло ее так обрадовать? С витаминами переборщила?»

— Привет, Ю, — ответила Элис недоверчиво.

Ю раздраженно машет рукой и украдкой смотрит по сторонам.

— Ходила на шопинг? — настаивает певица, добавляя все больше театральности.

Элис закатывает глаза.

— Именно! Не тесто же я здесь замешивала.

Актриса заливается смехом, который заставляет Элис поморщиться.

— Вау! Хорошо, что ты актриса, а не певица. Такое не каждому понравится услышать!

На долю секунды Ю теряется под натиском Элис. На ее лице отражается полное непонимание, брови приподнимаются домиком, глаза буравят Элис, пытаясь разгадать намерения соперницы.

Такого раздражения Ю не могла себе представить. Видимо, не привыкла, что ей дают отпор.

Но Ю умеет себя контролировать на публике.

— Ты такая забавная! В любом случае, рада была тебя увидеть. Надеюсь, сегодня вечером встретимся на благотворительном гала?

— Ну, да, — бормочет себе под нос Элис, которую нисколько не радует ни гала, ни перспектива пересечься там с Ю.

— Прекрасно. Тогда до вечера.

Ю замирает на месте. Элис также не торопится уходить. Ни одна из них не двигается, а Элис продолжает мрачно взирать на Ю, которая начинает нервничать и покашливать.

Элис понимает, что пора заканчивать игру и уходить со сцены. Но ее слишком веселит недоумение Ю. В итоге актриса разворачивается на каблуках и удаляется, гордо вскинув голову и поджав губы.

Только в этот момент Элис направляется к выходу.

Изнутри ее разбирает смех. Эта маленькая сцена замешательства ее воодушевила.

Вероятно, Элис радовалась несколько более сдержано, если бы обернулась и увидела полный триумфа взгляд Ю; если бы заметила, как та быстро вытащила из сумки мобильный и отправила несколько фотографий.

Глава 5

Слишком близко

Напряжение медленно нарастает по мере того как за окном возникает здание, где пройдет гала… но больше всего Элис нервничает из-за вспышек фотокамер. Она прижимается щекой к стеклу, чтобы лучше все разглядеть и, насколько возможно, подготовиться к тому, что ее ждет. Пересечения ярко освещенных улиц квартала Каннам поражают. Все эти гламурные бутики, башни, скульптуры… Сон, сидящий рядом с Элис, инстинктивно чувствует ее волнение. Он берет руку девушки и слегка сжимает. Она поворачивается к нему и нежно улыбается. Ей нравится это нежное чувство, возникшее между ними: взаимопонимание без слов, словно то, что каждый из них пережил в прошлом, связало их невидимыми нитями. Одного его взгляда достаточно, чтобы успокоить ее.

«Надо взять себя в руки. Все будет хорошо. Я не одна».

На мгновение она пытается представить, как сложилась бы ситуация, если бы не тот утренний разговор с Соном, если бы они так и не поняли друг друга. Тогда она наверняка сейчас ощущала бы полное одиночество.

Едва она начинает не то чтобы расслабляться, но меньше паниковать, как вдруг замечает взгляд Хиджуна поверх плеча Сона.

Сидя в том же лимузине, куда они набились всей компанией, Хиджун не упустил из виду взгляд, которым обменялись Элис и Сон, и тут же болезненно поморщился. Девушка распахивает глаза, а он отворачивается с мрачным видом.

Остальные участники группы болтают на корейском и хохочут. Элис не улавливает их шутки, да и не пытается. Сон молчит, и его ладонь все еще накрывает ее руку, словно защищая. Наконец Чанмин это замечает, толкает друзей локтем в бок, и все начинают сдавленно хихикать.

Элис показывает им язык, а Сон закатывает глаза и смеется.

— Не дурите, парни. Мы просто нашли общий язык.

— Ну да, конечно, — с нажимом отзывается Чанмин.

То, что происходит дальше, длится всего пару секунд, но Элис все равно успевает обратить внимание. Хиджун делает раздраженный жест. Санджун, который не смеется с остальными, переводит взгляд с Элис на Хиджуна, хмурится, снова смотрит на Элис, потом опять на Хиджуна. Тот пожимает плечами, удивляясь поведению друга. Санджун, потирая подбородок, вновь глядит на Хиджуна, который упорно любуется пейзажем за окном лимузина, нервно покачивая ногой. Заинтересовавшись тем, на что уставился Санджун, Сон замечает состояние соседа по сиденью, потом перехватывает взгляд Санджуна и удивленно вскидывает брови. Приятель смотрит на него с выражением, которое как бы говорит «ну да», а потом тоже отворачивается к окну. Тогда Сон убирает руку. По коже Элис пробегает холодок, а сердце начинает биться чаще из-за молчаливой беседы, свидетелем которой она только что стала. Девушка складывает руки на коленях и слегка отодвигается от Сона.

В этот момент они подъезжают к красной ковровой дорожке, ведущей в огромное здание с высокими колоннами из белого камня, которые поддерживают стеклянный купол, озаряющий все вокруг. Мужчина в строгом костюме подходит к автомобилю и открывает его. Парни встают с сиденья напротив и выходят один за другим. Едва дверь лимузина распахивается, в салон врывается истерический визг фанаток.

Элис невольно отшатывается. Вот к этому она точно не готова! Перед выходом Сон быстро шепчет ей:

— Не волнуйся, все пройдет как по маслу. Иди прямо на свет этих вспышек. Только постарайся не хмуриться. Поначалу все так делают, а потом фото получаются ужасные. Следи за тем, чтобы лицо было максимально расслабленным. Улыбнись, помаши рукой — и все, мы в два счета окажемся внутри.

Он исчезает. Крики снаружи становятся в два раза громче. Элис делает глубокий вдох, осознавая, что Хиджун еще здесь, он пойдет последним, сразу после нее.

Наконец она выходит.

Когда Элис делает первый шаг по красной дорожке, у нее кружится голова. Все вокруг просто ошеломляет. Вспышки, крики, и это ощущение, что она совсем крошечная на этом пути к внушительному входу в зал.

Она едва не застывает на месте, но Сон рядом. Приобнимая за плечо, он притягивает ее к себе. Она послушно идет с ним рядом. Улыбка застыла на лице, сердце чуть не выскакивает из груди. Элис почти не осознает, что происходит вокруг, все движется как в замедленной съемке.

«Просто позволь этому вихрю подхватить себя, и скоро все закончится».

Сон шепчет ей на ухо:

— Стой тут, кивай слегка. Я раздам несколько автографов на той стороне дорожки и вернусь.

Он удаляется, и Элис начинает слегка пошатывать. Ее охватывает страх. Но осознание того, насколько ее присутствие важно для Сона этим вечером, заставляет Элис стоять и улыбаться. Уловив несколько взглядов, она растягивает губы, чуть покачивает головой и рукой, мысленно скрещивая пальцы и надеясь, что не выглядит совсем уж глупо.

Сона нет всего полминуты, а корейский журналист уже обращается к ней по-английски:

— Элис, что вы можете сказать про фотографии? Вы сделали их добровольно?

— Простите? — переспрашивает Элис, вытягивая шею, но не приближаясь.

— Фотографии. Мы хотели бы получить от вас комментарий по этому поводу.

Девушка ничего не понимает и к тому же не знает, имеет ли право общаться с прессой. Обернувшись, она ищет глазами Сона: тот стоит в нескольких метрах от нее, окруженный фанатками. Но взглядами удается обменяться только с недовольным Хиджуном.

«Он же всегда чем-то недоволен, да? Вечно надуется, брови нахмурит».

Тогда Элис решается подойти к журналисту чуть ближе:

— Что за фотографии? — спрашивает она, стараясь быть любезной, хотя на самом деле ей хочется сбежать, сверкая пятками.

— Вот эти, — отвечает мужчина, подсовывая телефон ей под нос.

Элис пробегает взглядом по экрану, и все вокруг замирает.

На фото она в нижнем белье.

Кровь стынет в жилах.

«Что это за…»

Земля будто разверзается под ногами.

Они уже наверняка облетели весь интернет.

В панике Элис все-таки узнает на фоне примерочную.

— Кто это сделал?! — рычит она, чувствуя, как страх переплавляется в ярость.

— Эй, зачем столько агрессии, — хмурится журналист.

— Вы издеваетесь? — взрывается Элис. — Я на этих фото почти голая! Станешь тут агрессивной!

Журналист насмешливо ухмыляется, раздраженно глядя на нее сверху вниз.

— Когда не хотят, чтобы так вышло, то сидят спокойно у себя в стране, а не крутятся возле кумиров.

— Ах ты сволочь!

Это кричит уже не Элис, а Хиджун. Мгновенно подскочив к ним, он вырывает телефон из рук журналиста и толкает его так сильно, что мужчина запутывается ногами в ковровой дорожке и падает на руки другим репортерам, которые толпятся вокруг, подсовывая микрофоны и камеры, чтобы ничего не упустить.

«О нет… Имидж Сона… Я все испортила!»

Все начинает быстро кружиться у нее перед глазами. Оставаться на месте нельзя. Что же делать? Идти дальше по дорожке, улыбаясь, как будто этой ужасной перепалки не было?

Невозможно. Все это видели, и хотя крики уже стихли, свидетели сцены впали в некое подобие ступора. Элис оглядывается. Сон замер, занеся руку с карандашом, которым собирался поставить автограф. Остальные участники 7X очень далеко. А вот Ким тут как тут. И, кажется, готов взорваться от ярости. Все репортеры направили свои объективы на Элис, чтобы запечатлеть ее оцепенение и ужас.

Первым реагирует Хиджун. Он хватает девушку за руку, тащит ее за собой, почти силой заталкивает в лимузин и захлопывает за ними дверь.

— Гони! — приказывает он шоферу. — Гони, черт тебя подери. Увози нас отсюда!

Вокруг машины быстро образовывается толпа. Фанаты впечатываются в стекло, выкрикивают что-то неразборчивое настолько, что даже непонятно, на каком это языке.

Водитель давит на газ, пытаясь высвободить машину. Оцепеневшая Элис видит в окно, как Ким и Сон бегут к лимузину.

— Подожите! — кричит она.

— Ни в коем случае, — отрезает Хиджун.

Наконец-то шоферу удается прорваться, и под визг шин они исчезают из виду.

Элис оборачивается и смотрит, как красная дорожка и толпа становятся все меньше. Сон стоит на тротуаре, машет руками и кричит что-то в ее сторону, но она не может разобрать. Подоспевшая охрана не дает фанаткам прорваться в пустое пространство, оставшееся после отъезда лимузина, и уводит Кима и Сона обратно к зданию.

Элис сползает по спинке кожаного сиденья, совершенно разбитая.

Хиджун смотрит прямо перед собой, поправляя костюм.

— Почему ты не подождал Сона? — спрашивает она, ничего не понимая.

— А зачем? — ледяным тоном отвечает Хиджун. — Чтобы ты поставила его в еще более неловкое положение? Ты — ходячая катастрофа.

Оскорбленная Элис отсаживается от него как можно дальше. В ее груди словно возникает разлом, сквозь который хлещет поток боли. Она смотрит на прекрасное лицо Хиджуна, освещенное огнями города, которые очерчивают высокие скулы и теряются в волосах. Но молчание Элис длится недолго. Дикая ярость придает ей сил, и она кричит в ответ:

— Ну и что ты задумал? Запереть меня в машине, чтобы оскорблять сколько вздумается? Думаешь, мне мало было унижений?

Элис сверлит взглядом его профиль, изгиб носа с легкой горбинкой. Когда Хиджун поворачивается к ней, бешенство в его глазах застает ее врасплох. Они ведь могут быть такими темными и нежными, сиять словно заточенный базальт.

— Ты получила по заслугам! На что ты надеялась, когда ехала сюда? А? — шипит Хиджун. — О чем думала? О том, что очаруешь Сона, что все это будет только предлогом, что сможешь зацепиться тут? Стать знаменитостью, использовав моего друга?

— Что? Да ты спятил! По тебе психушка плачет!

— Вот именно! — подхватывает он. — Я спятил, точно. Сам же наорал на Сона за то, что он вел себя с тобой как подонок. А ты оказывается просто бесчестная девчонка, которая хочет его окрутить. Ничем не лучше Ю.

— Я не… Что ты несешь? Ты бредишь! — бормочет Элис.

— Возвращаемся в дом, ты собираешь шмотки и проваливаешь, ок?

— Да что случилось? Ты сам-то себя слышишь? Никого я не пытаюсь использовать! Я приехала сюда ради вашей хреновой репутации! И мои полуголые фотки оказались во всех соцсетях! Думаешь, я это планировала или там загадывала под Новый год? Да черта с два! Почему тебя так бесит, что я здесь? И что мы с Соном поняли друг друга? Забудь уже обо мне и отстань!

— Почему это меня… Почему это меня… — пытается произнести Хиджун, но слова застревают в горле.

Наконец они прорываются криком:

— Меня это вообще не БЕСИТ. Мне абсолютно НАПЛЕВАТЬ! Я просто не выношу, когда ты подыгрываешь им! Только не ты! Ты не имеешь права! И не выношу, когда Сон трогает тебя! Не выношу, когда он кладет на тебя руку! Я от этого с ума схожу! По мне психушка уже плачет!

Он замолкает. Дышит тяжело, взгляд бешеный.

Элис и Хиджун неотрывно смотрят друг другу в глаза. Его зрачки так расширены, что касаются темной радужки. Странно, что молний нет. Они бы воплотили весь ее шок от его пристального взгляда. Воцаряется тишина, и они застывают так, лицом к лицу, разделенные только болью.

Наконец Элис жалобно спрашивает:

— Но… почему?

Широко раскрыв глаза, не отворачиваясь, она высказывает предположение, которое хранила в глубине души с самого начала, но не решалась произнести вслух.

— Хиджун, ты что… ревнуешь?

Юноша перестает хмуриться, его лицо разглаживается от удивления. Он запускает руку в волосы и отводит взгляд, откидываясь на сиденье, сползая по кожаной спинке. Пальцы зарываются в спутанные синие пряди.

— Хиджун, — выдыхает Элис.

Он все еще погружен в беспросветное молчание.

Эта бесконечная тишина давит, как гранитная плита. Она уже заполнила каждую частицу воздуха в салоне, когда лимузин наконец-то минует пост охраны и медленно подъезжает к дому. Элис и Хиджун по-прежнему сидят неподвижно. Девушка рассматривает четкий профиль певца, его полные губы, ровные дуги бровей. Хиджун застыл в той же позе: развалился на сиденье, глядя в одну точку перед собой, запустив пальцы в волосы.

Когда Ким резко дергает дверь со стороны Элис, они оба вздрагивают, выныривая из оцепенения и своих мыслей.

— Шастен, марш ко мне в кабинет!

Элис и Хиджун следуют за Кимом в гробовом молчании. В лифте никто не издает ни звука. Но как только дверь кабинета захлопывается за ними, Ким взрывается.

— Представляете, что расскажут журналисты? Шастен, вы совсем тупица? Как можно попасться в таком виде? Повнимательнее нельзя было? Вы даже вообразить не можете, сколько работы добавили моей команде! Мелкая идиотка! Вас наняли, чтобы помочь карьере Сона, а не разрушить окончательно и ее, и заодно всю группу!

— Успокойся, Ким, — пытается урезонить его Хиджун.

— А ты что тут забыл? Я сказал «Шастен, марш ко мне в кабинет», а не «придурок, который возомнил себя прекрасным принцем и нападал на журналиста, марш в кабинет»!

Хиджун нервно проводит рукой по лицу. Занятно, как безучастно все, что их окружает. Та же равнодушная обшивка стен, аккуратно расставленные папки... Словно они — не декорация к отвратительной сцене.

— Знаю, но раз уж я здесь, то послушай. Элис это все пока в новинку.

— Пиар-команда предложила ей помощь, она отказалась, — бурчит Ким.

— Неправда. Наоборот, она предоставила им полный доступ ко всему. Она делает все, что ты просишь, идет туда, куда скажешь, ни с кем не разговаривает. Этот мир хищников ей не знаком, и никто ее не просветил на его счет. Элис не нарочно попалась на фото в таком виде. Кстати, девушка, которая ее сопровождала, должна была следить внимательнее, чтобы подобного не произошло.

Ким окидывает Элис презрительным взглядом.

— Фотографии сделала Ю. Мне это подтвердили по дороге сюда.

Волна гнева поднимается в глубине души Элис. Хиджун выпаливает ругательство на корейском.

— Это ничего не меняет. Она ноет с самого приезда. Если бы она была повнимательнее, мы бы не оказались в таком положении. А ты у нас теперь кто? Ее адвокат?

— Ким, прекрати! — обрывает его Хиджун.

Для Элис это уже слишком. Слезы наворачиваются на глаза.

«Черт побери! Я никогда столько не ревела, сколько здесь. Разве что после смерти родителей... Какая же я плакса!»

Хиджун делает неловкий шаг к ней навстречу. Элис резко отталкивает протянутую руку, сверля его взглядом.

— Ким совершенно прав! — подхватывает она. — С самого приезда я «ною», как он точно выразился. Потому что с самого приезда я мечтаю только вернуться домой.

Элис невольно повышает голос, срываясь на крик, как в лимузине. Ее уже не остановить. Она с вызовом смотрит на Хиджуна:

— Я мечтаю вернуться домой, потому что ты — самый ужасный тип, какого я встречала в жизни. А вы, господин великий продюсер, считаете себя важным бизнесменом, а на деле — просто псих! Нельзя так обращаться с людьми. Ни ради чего. Думаете, что поступаете во благо? Вы заставляете Сона ломать эту дурацкую комедию с фальшивой подружкой. Заставляете всех следовать своим мелким планам, которые считаете наполеоновскими, а на самом деле они — просто пшик. Вы — просто одинокий злодей. Люди подчиняются вам из страха, а не из уважения к вашим надуманным деловым талантам. Конечно же, такое не может не выйти боком! Людей нельзя заставлять быть вместе. Не надо было мне соглашаться на эту затею. Нашла бы другой способ заработать на учебу. Я бы лучше годами вкалывала за копейки, чтобы заплатить за институт, лишь бы больше вас никогда не видеть.

Теперь Ким разглядывает ее не спеша.

— Закончили? — холодно спрашивает он, пока она переводит дух.

Жуткая полуулыбка снова появляется в уголке губ, и Элис хочется ему врезать.

— Вам не хуже меня известно, что у вас не было выбора. Как думаете, почему я остановился именно на вас? Потому что вы были красивее или умнее подруг? Нет. Потому что у вас кудрявые волосы, как у Ю на фото с Соном. Изображение размыто, поэтому вы вполне могли сойти за нее. А когда я провел небольшое расследование, то быстро понял, что от предложенной суммы вы не сможете отказаться. Очень благородно с вашей стороны ничего не просить у тети. Ведь она и так надрывается ради собственных детей. Вы бы сказали «да», потому что остались одна, без родителей. Когда я узнал, кто вы такая, то сразу же понял, что смогу делать с вами все, что захочу.

— Чудовище, — выдыхает Элис, распахнув глаза от ужаса. — Вы просто монстр. Намного хуже, чем я думала.

Что-то каменеет у нее внутри. Да, раньше жестокие слова Кима уже довели ее до слез, но теперь она снова берет себя в руки.

— Вы не дали мне ни одного шанса. Бросили в клетку к тиграм, а теперь разочарованы неудачным вкладом? — Она коротко сухо смеется. — Да уж, не больно-то вы хитры. Преданность приобретается не страхом. Это так не работает. А теперь, когда игрушка сломалась, думаете, что выйдет запугать и избавиться от меня? Ошибаетесь. Я остаюсь. Не потому, что вас боюсь, и не потому, что у меня нет выбора. Я остаюсь ради Сона. Потому что он рассчитывает на меня, и я готова на все, чтобы ему помочь.

— Прекрасно, — холодно, но сдержанно отвечает Ким. — Но больше никаких осечек, иначе я лично посажу вас в самолет. Ясно?

Продюсер поворачивается к Хиджуну и насмешливо добавляет:

— Слышишь, ради Сона остается. Не слишком огорчился, а, Хиджун?

Юноша смотрит в одну точку на полу. Синие пряди падают на лицо, и Элис не может рассмотреть, что за чувства отражаются в его взгляде.

— Так будет лучше для группы, — наконец с трудом выдавливает он.

Взгляд Элис падает на руки певца. Он вертит в пальцах клочок бумаги. На полу, возле его ног, лежат два крошечных журавлика-оригами. Хиджун молчит, и, кажется, сосредоточенность на аккуратных движениях помогает ему сбросить напряжение.

«Точно как в моих снах!»

Она вдруг смотрит на него иначе. Сегодня он был просто удивительным. Реагировал так противоречиво! Сначала вел себя ужасно, потом замкнулся в молчании. А в итоге вступился за нее. И еще это... крошечные оригами...

«Как это возможно...? Такие яркие сны... Не может же быть, что... Нет. Невозможно. — Элис не верит в подобную чепуху. — И все же... Слова этой песни...»

Я больше не могу двигаться дальше.
Мне не хватает воздуха; эта мечта в конце концов задушит меня.
Мое тело — тюрьма, из которой я хочу убежать.
Когда ты не смотришь на меня,
Я чувствую себя одиноким, заключенным.
Я больше не могу дышать,
Словно самого себя мне уже недостаточно.
Приходи за мной.

Она услышала их во сне. Те же, что он пел тогда в зале, один…

«Нет, этого не может быть…»

Хиджун замечает внимание Элис и смотрит на нее сквозь синие пряди, не поднимая головы.

— Что? — сухо спрашивает он.

Элис улыбается в ответ на агрессию. Может, это все — только маска?

— Все, выметайтесь оба! — машет в их сторону Ким.

Он уже сел за стол и с головой ушел в документы, стопкой лежащие перед ним.

Элис выходит первой, Хиджун — следом. Она идет по коридору, не обращая на него внимания, но он догоняет ее.

— Постой, давай провожу.

— Куда это? — спрашивает Элис с иронией в голосе. — В мою комнату?

— Ну… да… если ты идешь туда, то в твою комнату, наверно.

— Зачем? Боишься, что я заблужусь в прямом коридоре или в лифте? Знаешь, я уже большая девочка. Как-нибудь справлюсь сама.

Хиджун покашливает.

— Ну да… просто я…

— Боишься, что я доставлю группе еще больше неприятностей? Уверяю тебя, журналистов тут нет, да и немедленно раздеваться я не собираюсь. Так что все будет нормально.

Он снова покашливает, уже более нервно, и оттягивает пальцем ворот рубашки. Не говорит ни слова, но не отстает. Молчит он и в лифте, и в коридоре квартиры. Когда они проходят мимо огромной гостиной-кухни, то видят, как все участники 7X собрались вокруг центральной стойки и оживленно, даже взволнованно беседуют. Заметив Хиджуна и Элис, Сон тут же встает и собирается подойти к ним, но Санджун удерживает его за рукав. Сон все же явно переживает, поэтому все-таки спрашивает:

— Как ты, Элис?

Она машет ему, мол, все хорошо, но Хиджун тут же хватает ее за локоть и утягивает подальше.

— Все у нее хорошо, а ты что думал? — отвечает он Сону. — Я же ее не бросил, в отличие от тебя!

Элис высвобождает руку.

— Эй, хватит! Ким недавно очень правильно сказал: ты мне не адвокат. Так что если собрался провожать меня до комнаты, то хотя бы не наезжай на тех, кем я дорожу.

Чанмин фыркает от смеха, а Хиджун опускает голову и едва различимо шепчет «прости». Элис посылает ободряющий взгляд Сону и продолжает путь одна. Подойдя к двери комнаты, она сжимает ручку и оборачивается к Хиджуну.

— Вот видишь, я нормально добралась. Теперь ты наконец отстанешь?

Юноша переминается с ноги на ногу, дергая низ пиджака. Он ему очень идет. Элис раньше не замечала, что строгие линии, отложной воротничок белой рубашки и глубокий цвет ткани костюма так выгодно подчеркивают правильные черты лица и гладкую кожу.

— Нет, — произносит Хиджун.

— Что значит «нет»?

Элис пытается поймать его взгляд, но он уклоняется.

— Можно я зайду на минуту? Мне нужно с тобой поговорить, — спрашивает Хиджун чуть ли не с мольбой в голосе.

Он выглядит таким несчастным, что, несмотря на все раздражение, девушке становится его жаль.

«Если честно, мне ведь не так уж хочется, чтобы он немедленно ушел?»

Она кивает, открывает комнату, впускает его и закрывает за ними дверь.

Элис садится на кровать, а Хиджун остается стоять прямо перед ней.

— Я тебя слушаю, — подбадривает его девушка, когда затянувшаяся пауза становится неловкой.

Наконец он смотрит на нее. Долгим взглядом. И хотя она взяла верх над ним после разговора в кабинете Кима и, честно говоря, ей это понравилось, но один его взгляд, такой простой прямой, все перевернул. Элис не может оторвать взгляд от его глубоких, темных глаз.

— Я хотел попросить прощения.

Его голос звучит глухо, пронизанный каким-то непостижимым желанием. Она чувствует это в самой глубине души, где ее собственная жажда отзывается на его. Хиджун вдруг совсем не выглядит неуверенным. Эта способность переходить от злости к магнетизму поражает Элис всякий раз и застает врасплох, лишая всей защиты. Она не успевает выстроить преграду между ними, чтобы уберечься и притвориться равнодушной к его чарам.

Он мягко приближается, и сердце Элис начинает биться чаще. Теперь Хиджун уже ничем не напоминает маленького раскаявшегося мальчика, на которого был похож мгновение назад. Опытный соблазнитель пробрался к ней в комнату, и Элис чувствует, что не в силах сопротивляться его притяжению. То же самое было и в коридоре концертного зала, и возле репетиционной в день ее приезда. Безумная сила возникает между ними, едва они остаются наедине, как в лимузине чуть раньше, когда Хиджун выплеснул свои чувства.

Он садится на кровать рядом с Элис, выставив согнутую ногу. Не слишком близко физически, но все-таки слишком близко, если вспомнить волнение, охватившее девушку.

— Я хотел извиниться за то, как вел себя, когда ты только приехала. Мне было сложно свыкнуться с самой мыслью о фальшивой подружке. По-моему, это нечестно.

— Только что, в машине, ты совершенно четко дал понять, что думаешь обо мне. Незачем к этому возвращаться, — прерывает его Элис, резкими словами пытаясь прикрыть рану, снова открывшуюся в груди.

— Нет, я... не должен был судить тебя так строго. Но после того, что Ким рассказал в кабинете, я понял, почему ты согласилась. И мне еще больше стало стыдно, потому что теперь я понимаю, как это тяжело для тебя и насколько я все это только усугубил. Прости меня, пожалуйста.

Его слова глубоко трогают девушку, повергая в смятение. И вызывают облегчение, ведь он больше не думает о ней так ужасно, как раньше. Элис хочет тоже сказать ему что-нибудь, но не представляет, что. Тогда она тихонько упоминает тот момент, когда услышала, как он поет один под гитару.

— Это было потрясающе, правда. Тебе бы показать эту песню продюсеру, когда она будет готова. Ты ее уже закончил?

Хиджун еще ближе. Он не сдвинулся с места, но подался вперед торсом. Настолько, что Элис теперь может разглядеть все оттенки его карих глаз, местами скорее черных, а местами — золотистых. Такие детали не увидишь на фотографиях в журнале. Это не базальт, а тигровый глаз, черный с золотыми прожилками.

— Нет, пока не закончил, — тихо произносит он, подсаживаясь еще чуть ближе.

Его взгляд скользит по ее губам.

— Мне не хватает материала, чтобы ее дописать. Нужно еще кое-что.

Элис пытается выровнять дыхание, но сердце колотится прямо в горле, заставляя делать короткие прерывистые вдохи.

— Правда? И что же тебе нужно? — спрашивает она, понимая, что отчаянно краснеет. Хиджун блуждает взглядом по ее губам, а потом снова смотрит прямо в глаза, как будто впиваясь в них. Он не говорит ни слова, только чуть улыбается и подносит руку к ее лицу. В этот жест, который повторяется каждый раз, он вкладывает всю нежность. Аккуратно прихватив кончиками пальцев один из локонов, рассыпавшихся по плечам девушки, он заправляет его за ухо, касаясь ее щеки.

— Не сейчас, Элис, — тихо произносит Хиджун на прощание, а потом встает и выходит из комнаты.

Девушка остается сидеть одна, прислушиваясь к тишине и стуку своего сердца, такому громкому, что от него звенит в ушах. После долгой паузы она приходит в себя, подбирает с пола сумку и вытряхивает на кровать, чтобы все перебрать. Просто так, без причины. Элис нужно чем-то себя занять, что-то делать чисто механически.

Нет никакой нужды заниматься этим прямо сейчас, но она больше не может сидеть без движения. Вот тогда она и обнаруживает среди вороха вещей прекрасное оригами в виде журавлика. На его крыльях наспех нацарапаны знаки хангыля:

미안해 (mianhae)

Элис не узнает это слово, по крайней мере написанное от руки.

Она берет телефон, завалившийся под подушки, снимает крылья журавлика крупным планом, потом находит в списке контактов номер Чанмина и нажимает «отправить». Через несколько минут приходит ответ.

Это значит «прости».

Хиджун сидит один в темноте. Он закрылся в репетиционной и не хочет никого видеть. Конечно, в новом доме у каждого участника группы есть отдельная комната, не то что поначалу, когда они все ютились в одной комнатушке и спали на двухэтажных кроватях, но уединиться получается редко. Постоянно кто-то просовывал голову в дверь, чтобы спросить, не видел ли он ноты, узнать как дела или просто поболтать.

Но сейчас Хиджуну очень, очень нужно побыть в одиночестве и тишине.

Наедине с гитарой.

Юноша достает из кармана сложенный листок бумаги и расправляет его. Перед ним текст песни на английском.

Если бы остальные узнали, что он пытается писать на иностранном языке, которым владеет не так хорошо, как они, то наверняка удивились бы. Но теперь он понимает, почему инстинктивно сделал этот выбор. Чтобы она поняла. Потому что невольно с самого первого слова, с первой буквы, обращался именно к ней.

Элис. Ее ясные глаза, шелковые локоны.

У Хиджуна на сердце стало так горячо, когда она поддержала его стремление к мечте о том, чтобы петь сольно.

Он чуть не испугался этого жара.

Ты знаешь, что я делаю вид, словно твое
присутствие меня не волнует,
Словно ты не можешь меня ранить.
Но в моем теле все вверх дном и охвачено холодом,
Пока мне нельзя дотронуться до тебя.
Одно прикосновение к твоей коже могло бы все
вернуть на места.
Эта ситуация абсурдна.

Я больше не могу двигаться дальше.
Мне не хватает воздуха; эта мечта в конце концов

задушит меня.
Мое тело – тюрьма, из которой я хочу убежать.
Когда ты не смотришь на меня,
Я чувствую себя одиноким, заключенным.
Я больше не могу дышать,
Словно самого себя мне уже недостаточно.
Приходи за мной.
Когда тебя нет рядом, свет гаснет.
Ты взорвала меня на куски,
Оторвав от реальности.
Быть рассеянным так – опасно.
Приходи за мной:
В одиночестве мне не спастись.

Я боюсь подступиться к сложной проблеме,
И, возможно, ничего не смогу с ней поделать.
Но я не боюсь ухватиться за нее.
Возможно, если я буду плакать и умолять,
Ничего не изменится.
Если только я не решусь просто в это поверить.

Знаешь, я соглашусь,
Если ты оттолкнешь меня от успеха,
Если будешь жестока.
Если вырвешь меня из зоны комфорта –
Я смирюсь беспрекословно.
Знаешь, я соглашусь.

Хиджун прерывается. Его пальцы сжимают карандаш до боли. Чувства, которые он испытывает, так сильны!

Прислонившись спиной к стене, он закрывает глаза. Она здесь, под его веками, погружена в свои мысли. Держит книгу перед глазами, но не читает. Мысли захватывают все ее внимание, не давая сосредоточиться ни на чем другом.

Как бы он хотел вернуться, бегом подняться к ней и прижать к себе.

Но не может.

Хиджун открывает глаза, быстро прячет листок в карман и сбегает в свою комнату. Там он открывает ящик с цветной бумагой и начинает лихорадочно складывать, складывать, складывать, пока порывы, с которыми он так упорно сражается, наконец не ослабевают.

Глава 6

Чеджудо

Глядя в даль, Элис размышляет о том, как ей повезло с такой мягкой погодой. Обычно в это время на острове Чеджудо уже зима, но, похоже, в этом году осень решила задержаться здесь подольше, так что на улице сейчас очень хорошо. Конечно, тут не бывает так холодно, как в Сеуле, но +17 в начале ноября все-таки редкость.

Перед Элис простирается территория курорта. Кутаясь в свитер оверсайз, девушка пьет чай с манджу — восхитительными пирожками с каштанами, которыми она балует себя только изредка. Терраса при комнате просто идеальна. Элис может сидеть там часами, нежась в лучах солнца, глядя на волны, набегающие на берег, усеянный харубанами — «каменными дедами», которые стоят, повернувшись спиной к морю. Это изваяния с симпатичными лицами, в забавных круглых шапках, с большими закрытыми или распахнутыми глазами, ровными невыразительными ртами и крупными руками, сложенными на животе. Элис знает, что статуи должны защищать город и приносить плодородие. Для нее же они — залог безмятежности. Вдали она различает очертания таинственного острова Чхагвидо.

Сам город и прогулка до этого волшебного места со странными вулканическими камнями были просто восхитительны.

С момента прибытия на Чеджудо Элис ощущает удивительное спокойствие. После непростого начала путешествия она даже не надеялась наконец-то испытать удовольствие. Не в последнюю очередь на это повлияло то, как радикально изменилось отношение Сона. Она с улыбкой думает, что теперь их, пожалуй, можно назвать друзьями. Невероятно. А ведь все начиналось, мягко скажем, неважно.

Теперь же Элис с радостью соглашалась гулять с ним на виду у прессы. Взаимопонимание между ними стало настоящим, а журналистам только этого и было надо. Сама Элис решила пока не заглядывать в соцсети и не читать статьи: она понимала, что там полно и хорошего, и на редкость неприятного. Ей вполне достаточно воодушевленных отчетов Зоэ, которая специально отбирает для нее самые красивые фотографии и милые комментарии. Они вместе смеются над предполагаемыми датами свадьбы Элис и Сона, над версиями ее судьбы. По слухам, она то ли принцесса, то ли наоборот, Золушка, которую прекрасный принц Сон спас из безвыходной ситуации.

«Почти, почти».

Приключения Элис в Корее приближаются к зениту. Остается всего две недели. Один месяц — это так мало. И все же ей кажется, что в прошедшие пятнадцать дней уместилась вечность. Вечность, мелькнувшая, словно молния.

Теперь Элис уверена, что, без сожалений покинет этот жестокий, требовательный мир, в котором почти нет места личной жизни, но при прощании ее сердце все равно будет обливаться кровью. Она будет скучать по Сону. Ведь вне пресс-конференций, где она ведет себя как можно скромнее, и совместных появлений на публике, они постепенно сближаются все больше. Они прибыли на Чеджудо три дня назад, и все это время он старается окружить Элис заботой: манджу, которые она сейчас уплетает за обе щеки, ее любимый чай, варенье из мандаринов, местное чудо света под названием «дар королей», которое возникает в определенное время года, когда тропические ветры дуют над островом.

Сон отмахивается от ее благодарностей. Он лишь наклоняет голову, пряча глаза за густыми каштановыми прядями, и отвечает, что многим ей обязан.

Накануне она пихнула его локтем в бок, мол, я уже тысячу раз тебя простила, не надо корить себя до конца жизни. Но он ничего не захотел слышать, и сегодня с утра, когда парни отправились на концерт в Play Kpop Чеджу, — интерактивный парк, заполненный фанатами, — она нашла под дверью пакетик с манджу.

Элис подозревает, что Сон не только старается проявлять любезность, но и хочет расшевелить Хиджуна.

При этой мысли у нее чуть кружится голова. Когда она думает о Хиджуне — то есть, почти каждую минуту, — ее сердце наполняется непонятным, но таким сильным чувством, что ее начинает пошатывать.

Если бы она была честна с собой, то давно нашла бы этому название. Но она сознает, что нельзя предаваться фантазиям. К тому же он так отдалился с момента их последнего разговора, что она уже сомневается, не привиделось ли ей то, что произошло между ними. Остальные участники группы, прекрасно понимая, что с ним происходит, изо всех сил старались помочь приятелю отвлечься. Как можно осторожнее… ведь если зайти слишком далеко, взрыв неминуем. В ответ Хиджун лишь пожимал плечами и хмурился.

И все же другие участники группы порой насмешливо перемигиваются: им непривычно видеть рэпера таким. Элис тоже кажется удивительным, как сильно он изменился с момента ее приезда.

Да, за последние дни он не обменялся с ней и парой слов, зато выглядел теперь вполне расслабленным. По словам Сона, Хиджун стал вести себя как раньше: веселить всех, паясничать. На самом деле он оказался забавным и обаятельным. Хиджун первым вбрасывал в разговор шутку и смеялся над собой, как, например, во время съемок передачи, где надо было проходить испытания, рассказывая при этом о себе.

Хиджун обыгрывал то, что не умел стрелять из лука и из-за усталости понимал не все вопросы ведущего. Он был забавным, по-настоящему забавным. Элис улыбалась или откровенно смеялась издалека и хотела присоединиться к ним, взять его за руку. Даже мечтала снова оказаться с ним наедине, как в тот вечер, у нее в комнате.

Но Хиджун упорно держит дистанцию. При этом Элис постоянно ловит на себе его взгляды. Они обжигают, словно ласка. Она чувствует, как они проходят вдоль спины, очерчивают плечи. Невольно обернувшись, она на мгновение встречается с черно-золотистыми глазами. Теперь она знает, что эти прожилки придают его радужкам глубину, делают взгляд загадочным. Он тут же отворачивается.

По правде говоря, ей страшно. У нее нет причин держаться от Хиджуна подальше. Понятно, почему он не спешит приближаться. Вокруг люди. Но она-то могла бы. Она вполне могла бы подойти к нему вечером после ужина, когда все разбивались на компании. Могла бы присоединиться к той, где был он, и спокойно поговорить. Или подсесть к нему на кухне в сеульской квартире, или, случайно столкнувшись в коридоре, задержать его и спросить... что между ними происходит. Но ей страшно! И все же Элис знает, что Хиджун тоже чувствует эту неведомую силу, которая взрывается между ними, стоит их взглядам встретиться хоть на миг.

«Что же ему сказать? К чему подтолкнуть?»

А если они признаются в том, у чего нет будущего из-за разницы в положении? Просто впустую обнажат сердца друг перед другом?

Элис мотает головой. Несмотря на безрадостные перспективы, ей так хочется произнести вслух то, о чем они говорят молча, каждый в своем углу.

Иногда он сталкивается с ней нарочно. Наклоняется совсем близко, оперевшись о стену, или удерживает за руку в коридоре. Ровно настолько, чтобы вторгнуться в личное пространство, где присутствие другого человека либо становится невыносимым, либо превращается в сладкую пытку. Всякий раз он шепчет на ухо лишь короткое: «Все хорошо?» Элис кивает; слова застревают в горле, а голубые глаза попадают во власть темных, ожидающих ответа так, словно спокойствие самого Хиджуна зависит от ее настроения. И каждый раз он сразу же отстраняется, а ей так хочется обхватить его за шею и прижаться.

На горизонте садится солнце. Где-то в заливе у острова Чеджудо ныряльщицы хэнё, «дочери моря», наверно, выуживают из морских глубин свой последний на сегодня улов из водорослей и моллюсков. Ветер свежеет. И когда фонари загораются на улице возле отеля, где они все вместе живут уже несколько дней, Элис понимает, что не сможет уехать, не рассказав Хиджуну о своих чувствах.

Он сидит в баре, подперев рукой лоб. Синие пряди мягко касаются высоких скул. От Хиджуна исходит ощущение предельной сосредоточенности. Рядом лежат сложенный листок и карандаш. Другой рукой он бережно придерживает что-то на стойке, словно защищая. Его нога нервно покачивается.

Элис подходит, чувствуя, как огромный ком встает в горле. Ее потряхивает от ужаса при мысли о предстоящем признании, но выбора нет. Если она не выскажет все, то просто задохнется.

Когда между ними остается не больше двух метров, Элис задумывается, как привлечь его внимание. Положить руку ему на предплечье? Рукава черной водолазки Хиджуна слегка подтянуты. Стильно и соблазнительно. Элис бросает в дрожь. Если она прикоснется к нему, то рассыплется в тот же миг.

Но ей и не нужно сообщать о своем присутствии. Точно так же, как она чувствует его взгляд на себе, он замечает, что она смотрит на него. Хиджун медленно поворачивает голову, и между синими прядями мелькает черная молния глаз. Элис неловко улыбается, стараясь подавить желание развернуться и убежать.

— Привет…

Хиджун встает, все еще придерживая что-то над столом. Другой рукой он подбирает сложенный листок с карандашом и засовывает в карман. Повернувшись к Элис, он слегка потягивается, словно мускулистый хищник в редкий момент покоя.

— Привет.

Какое-то время они молчат, глядя друг другу в глаза. Наконец Элис бросается в омут с головой.

— Насчет того вечера…

— Какого вечера? — не дает ей договорить Хиджун.

Внимательно и настороженно всматриваясь в ее лицо, он отчаянно пытаясь угадать, что же она хочет сказать.

«Откуда эта недоверчивость?»

— У меня в комнате. Я хотела спросить тебя кое о чем. Вернее, признаться…

— Нет.

Элис замирает с открытым ртом. На этот раз Хиджун перебивает ее резко, но не сухо. Не повышая голоса. А скорее… нежно? И все же не приближается к ней, отводя взгляд.

— Что — «нет»? — бормочет Элис. Слезы наворачиваются на глаза, словно предчувствуя драму.

— Я… — начинает Хиджун, но замолкает, откинув голову и закрыв глаза.

Девушка смотрит, как его грудь поднимается и опускается в такт дыханию, и снова так хочет прижаться к нему, что закусывает губу, сдерживая стон отчаяния.

— Не говори ничего, Элис, — произносит он по-английски с сильным акцентом. — Не сейчас. Прошу тебя.

Он не смотрит на застывшую от изумления девушку, а через мгновение отворачивается и быстрым шагом направляется к выходу из бара. Элис ошеломленно провожает взглядом его широкие плечи и стройную фигуру, пока он не исчезает в конце коридора отеля.

Элис нужно немного времени, чтобы вернуться в реальность, снова услышать шум вокруг, разговоры постояльцев отеля. Она смотрит на место, покинутое Хиджуном. На барной стойке он оставил оригами — маленького милого слоненка из бумаги в синюю клетку. Девушка осторожно берет его в руку. Он просто чудесный, с коротким хоботом и крохотным вздернутым хвостиком. На одном из ушей виднеется буква: 아

Элис вертит его во все стороны. Больше ничего. Она вглядывается в угол коридора, за которым скрылся Хиджун. Оригами предназначалось ей, факт. Но что же он хотел этим сказать? И почему не дал договорить?

«На что он намекает?»

Теперь она ничего не понимает. Возможно, не надо было пытаться признаться ему в своих чувствах. И он прав. Лучше избегать друг друга оставшиеся две недели, чтобы никого не ранить понапрасну.

Если, конечно, она не ошибается и он действительно разделяет ее чувства. А что если он просто с ней играет? Тогда, в комнате, он наверняка сделал это в шутку, в пику Сону, с которым у нее тогда только налаживались отношения. А теперь Сон с ней дружит, и Хиджун явно сожалеет, поэтому и отдалился от нее, чтобы не ссориться с лидером группы. Все логично.

«Какая же я дура!»

Элис берет слоненка в руку бережно, словно сокровище. Ее сердце обливается кровью.

Лучше вернуться в комнату и зарыться на весь вечер в мягкое одеяло. Все равно надеяться больше не на что.

Едва свернув за угол, Хиджун пускается бежать по коридору, ведущему к его номеру. Все-таки вовремя он ее остановил. Если бы она продолжила, он не смог бы сдержаться. Но нельзя. И он это знает. Слишком опасно. Элис принадлежит Сону. Пусть пока и только как подруга. Хиджун подозревает, что его приятель с каждым днем все больше поддается чарам красивой француженки. Трудно сдержать приступы ярости и ревности при виде постоянных знаков внимания с его стороны. Да и как бы то ни было, это невозможно. Место Хиджуна здесь, в одиночестве, в окружении только других членов группы. Он всегда говорил себе, что как только покинет мир K-pop, то выберет себе в пару классическую девушку. Красивую, скромную, хорошую мать и жену. Точно не такую, как Элис. И все же ее характер восхищает. Она не слабее него. Хиджун обожает ее ответные реплики, смеется над ними издалека. Да уж, она точно не робкого десятка. Не дает себя в обиду, ставит на место его приятелей с их плоскими шутками, и делает это изящно и с улыбкой, озаряющей все вокруг.

Она не для него.

Хиджун знает, что нравится ей. Он это понял по вопросительной дрожи, которая возникала в светлых глазах всякий раз, когда они смотрели на него. В них читалась молчаливая мольба и нежность, и ему ужасно хотелось им поддаться.

Но нельзя. Это будет глупо. Ужасно.

Не говоря уже о Киме. Продюсер его просто прикончит.

Подбежав к своему номеру, Хиджун провел магнитной картой и нетерпеливо нажал на ручку. Захлопнув за собой дверь, он упал на кровать и схватился за гитару, чтобы выплеснуть эмоции, которые бурлили в нем теперь почти все время, причиняя столько боли.

Снова и снова он поет песню, которую сочинил для Элис. Поет, распахнув сердце, чтобы выплеснуть признание. Поет, чтобы излечиться от своих чувств. Он пытался взять их под контроль, но в итоге это они полностью овладели им.

Глава 7
На сцене

Элис потягивается в кровати. Солнечный свет едва проникает в ее комнату сквозь тяжелые шторы. Прошла неделя с тех пор, как она вместе с ребятами вернулась с Чеджудо.

Целых семь дней, в течение которых она почти не виделась с участниками группы, уехавшими в мини-тур по Корее. Элис послушно дала несколько интервью, отвечая фразами, которые ей настоятельно посоветовали выучить наизусть. Она послушно делала селфи во время выверенных до миллиметра прогулок по разным кварталам Сеула. Послушно позировала на фотосессии с Соном.

Позировать как официальная пара было очень странно. Не подержаться за ручки пять минут на прогулке, чтобы заранее предупрежденные фотографы сделали пару кадров, а полдня принимать разные позы перед объективом. Элис пришлось проявить ангельское терпение, ожидая, пока свет выставят безупречно, стилист поправит прядь Сона или уложит ее локоны, визажист подберет нужный тон…

«Это все не по мне».

Ким был счастлив. Даже его жуткая ухмылка уголком губ исчезла от удивления, когда он увидел, что Элис больше не упрямится.

«Знал бы он!»

На самом деле она просто ничего не чувствует. Отказ Хиджуна убил что-то в ней. Даже Зоэ тревожится из-за апатии кузины, ее односложных ответов. Саму Элис это аморфное состояние наоборот, даже радует. Если просто плыть по течению, ни к чему не привязываясь, то становится не так больно.

Вот только время… она мысленно зачеркивает дни, оставшиеся до отъезда из Сеула. И не понимает, зачем. Хорошо это или плохо, что время летит так быстро?

Ким уже вручил ей обратный билет. 17 ноября 2018 года. Вылет в 11 часов.

В 11 часов 17 ноября 2018 года все закончится.

Те моменты жизни, которые она заберет с собой, превратятся в воспоминания, потом некоторые из них тихо угаснут, потускнеют, и, наконец, исчезнут навсегда.

Все было бы прекрасно, если бы то, чего она так страстно хочет, но никогда не получит, не напоминало ей о себе время от времени с помощью оригами.

Всю неделю каждый раз, когда группа вихрем проносится по квартире между двумя концертами, Элис находила в своих вещах крошечных животных. Вчера — котенок в кармане пальто. Позавчера — длинноногая цапля в сумке, еще раньше — кролик под подушкой. И на каждой фигурке написано по одной букве.

Этот бесконечный непонятный ребус сводит ее с ума. Сегодня она находит бабочку у двери своей комнаты.

Квартира погружена в тишину. Элис знает, что 7X уже уехали. Вчера из-за пресловутой фотосессии она часами не разлучалась с Соном. А сегодня рано утром, еще затемно, она услышала, как он тихо встал и ушел.

Элис подбирает бабочку с разноцветными крыльями и, еще толком не проснувшись, бредет на кухню, чтобы выпить кофе. Горький запах помогает ей избавиться от остатков сна, туманивших разум. Она берет в руки телефон. В Сеуле 8 утра, в Париже — полночь, время ежедневного сеанса связи с кузиной. Элис прислоняет мобильник к стопке журналов и нажимает на видео-звонок. Через несколько мгновений на экране появляется лицо Зоэ. –

— Привет, красотка! Как настроение вечерком? Вернее, у тебя утречком.

Тон кузины напоминает Элис о том, какой подавленной она выглядит в последнее время.

— Ничего. Вчера была на фотосессии с Соном. Самой настоящей, как у звезд, тебе бы понравилось, — произносит она через силу.

— Ух ты!

Зоэ покашливает, глядя в сторону, а потом смотрит на кузину с тревогой.

Они обе знают, насколько тяжело далась Элис работа, от которой Зоэ была бы в восторге.

— Ты нашла еще оригами? — спрашивает Зоэ.

Попытка Элис взбодриться тут же с треском проваливается. Она вертит в руках бабочку, а потом показывает ее на камеру.

— Какая красота! — восклицает Зоэ с легкой иронией. — И снова с буквой?

— Да.

Элис разглядывает фигурку, потом подносит к экрану, чтобы кузина увидела 다 на одном из крыльев. Зоэ прищуривается, вынимает из кармана билет на метро, а из сумки — ручку, и старательно зарисовывает знак хангыля.

Затем она задумчиво прикусывает большой палец.

— Знаешь, — признается Зоэ, — я подняла на ноги всех знакомых, которые хоть чуть-чуть говорят по-корейски, мы с ними вертели эти буквы и так и этак, но ничего не смогли понять.

— Но у них должен быть какой-то смысл, иначе зачем это все?

— Понятия не имею. Мне кажется, он выдает их в произвольном порядке. И пока ты не соберешь все, прочитать послание не получится. Ты спрашивала у Чанмина?

— Я не хочу его беспокоить, — объясняет Элис. — У них на этой неделе бешеный график.

— А когда закончится мини-тур?

— Они возвращаются завтра.

— Ясно, — кивает Зоэ. — А они все время живут в квартире?

— Нет, иногда.

— Но каждый раз, когда они приезжают, этот тип оставляет тебе подарок из бумаги, так?

— Да, — отвечает Элис.

В словах Зоэ звучит презрение, и Элис улыбается, понимая, что кузина хочет ее защитить.

— Знаешь, я опять видела сон про него.

Зоэ смеряет ее внимательным взглядом.

— Он признавался мне в своих чувствах…

— Элис… — вздыхает ее кузина. — Мне жаль, что все так вышло.

Элис кусает губы. Ей снова больно. Так, надо срочно сменить тему и вернуть то состояние отрешенности, из которого ее вырвала маленькая бабочка.

— А как у тебя дела? Что нового в Париже?

Толпа шумит просто ужасно.

— Элис! Идите лучше сюда.

Чан, худощавый помощник Кима, тянет ее за рукав.

Элис путается в полах длинного платья.

— Погодите! Я не могу сделать ни шага с этой штукой на спине!

— Только не начинайте снова ныть, — посмеивается Чан.

Элис показывает ему язык. Мимо пробегает костюмерша, задевая ее по пути. Еле уклонившись от обезумевшего реквизитора, Элис наконец-то пересекает коридор, подходит к Чану и вжимается в стену рядом с ним.

— Думаете, мы выживем? — со смехом спрашивает она.

Чан пожимает плечами.

— Хороший вопрос. В любом случае, мне велели доставить вас живой на коктейльную вечеринку после концерта.

— Звучит впечатляюще!

— Вы никогда не были на K-pop концерте в Корее?

— Конечно, нет!

Чан пытается что-то ей сказать, но свет гаснет и звучит объявление о выходе группы на сцену. Это последняя песня на сегодня, и вопли фанатов становятся громче. Элис мысленно ставит себя на место парней, представляя, насколько это всё, наверно, пугает — толпа, мигающие огни, звуки басов, пробирающие до костей.

Какие они храбрые! Она бы так никогда не смогла. Наверно, чувствовала бы себя совсем крошечной, стоя перед тысячами людей, которые пришли ради нее и только нее.

Наконец-то, в последний раз за вечер, 7X поднимаются на сцену. Зажигается белый луч прожектора, и в зале воцаряется тишина, еще более поразительная после шума, стоявшего секунду назад.

Раздается несколько гитарных аккордов, и Элис напрягает слух. Начало мелодии звучит очень знакомо.

Сон выходит к краю сцены и начинает скорее мурлыкать, а не петь. Его английский почти идеален: произношение отработано специально к этому случаю.

Ты знаешь, что я делаю вид, словно
твое присутствие меня не волнует,
Словно ты не можешь меня ранить.
Но в моем теле все вверх дном и охвачено холодом,
Пока мне нельзя дотронуться до тебя.
Одно прикосновение к твоей коже могло бы все
вернуть на места.

Музыка сменяет вокал, а парни на сцене движутся в медленном танце. Только Хиджун остается стоять, развернувшись к залу. Элис смотрит на него… и встречает его взгляд. Он наклонил голову и чуть повернул лицо к кулисам, к тому самому месту, где она стоит рядом с Чаном. Посмотрев ей в глаза, он начинает читать рэп.

Эта ситуация абсурдна.

По спине Элис пробегает дрожь. Неужели это… та песня, которую она слышала в первую неделю, в том убежище, где он прятался от всех?

Я больше не могу двигаться дальше.
Мне не хватает воздуха; эта мечта в конце концов задушит меня.
Мое тело — тюрьма, из которой я хочу убежать.
Когда ты не смотришь на меня,
Я чувствую себя одиноким, заключенным.
Я больше не могу дышать,
Словно самого себя мне уже недостаточно.

Да, это она. Элис больше нигде ее не слышала. Никогда. Только в тот вечер, когда застала Хиджуна одного с гитарой. В тот вечер, когда он оттолкнул Элис, уязвленный ее присутствием. Таинственная сила побуждает ее приблизиться к нему, медленно подойти к кулисам, остановившись на самом краю.

Приходи за мной.

Это сон? Или, поворачиваясь лицом к кулисам, он обратился к ней напрямую?

«Нет, не может быть».

Но ведь именно эту песню он пел в тот вечер… И в необъяснимо реалистичных снах, в которых ей казалось, что она рядом с ним.

Остальные участники подхватывают хором:

Когда тебя нет рядом, свет гаснет.
Ты взорвала меня на куски,
Оторвав от реальности.
Быть таким рассеянным — опасно.
Приходи за мной

Медленно двигаясь в танце, они собираются в центре и продолжают:

Приходи за мной: в одиночестве мне не спастись.

Потом они отступают в глубину сцены. Все, кроме Хиджуна, который, к всеобщему удивлению, выдает соло. Он уже не читает рэп, а поет глубоким и теплым голосом, который проникает Элис прямо в душу, заставляя сердце биться в такт словам.

Я боюсь подступиться к сложной проблеме,

И, возможно, ничего не смогу с ней поделать.
Но я не боюсь ухватиться за нее.
Возможно, если я буду плакать и умолять,
Ничего не изменится.

Он снова бросает взгляд в сторону Элис, пока фанаты в зале визжат, удивленные тем, что он поет один и на английском. Сон и остальные вокалисты группы лишь поддерживают его.

Если только я не решусь просто в это поверить.

А ей, Элис, стоит ли в это верить? Или у нее снова просто разыгралось воображение?

Знаешь, я соглашусь,
Если ты оттолкнешь меня от успеха,
Если будешь жестока.
Если вырвешь меня из зоны комфорта —
Я смирюсь беспрекословно.

Голос Хиджуна глубокий, потрясающий. Свет мелькает быстрее, становится ярче, приближая к кульминации группу, собравшуюся в центре. Они снова поют все вместе.

Знаешь, я соглашусь.

Потом музыка затихает, снова звучит невероятно нежно. Сон, Санджун, Чанмин, Киха, Осон и Хэсон опускаются на колено, а Хиджун стоит один посередине.

Он снова читает рэп, тихо выговаривая слова так, словно они идут из самого сердца.

Сотню раз я клялся признаться тебе, что…
Я работал в два раза усердней, чтобы сказать тебе, что…
Пока ты притворялась, что не понимаешь.
И вот теперь я хочу сказать тебе, что…
Так скажи, как же мне сказать тебе, что…

Хиджун поднимает голову и смотрит куда-то вверх, в темноту; фанаты вскрикивают, но тут же замолкают снова; круги света мечутся между залом и сценой; сердце Элис бьется через раз, она почти не дышит. Мир вокруг нее медленно исчезает, когда Хиджун продолжает еще нежнее:

Знаешь, тебе надо уехать, но я совсем не против,
Чтобы ты вспоминала там обо мне
Иногда…

Хиджун опускает голову и смотрит в пол. Синие пряди закрывают лицо, но Элис все равно видит, как по его щекам текут слезы.

Свет окончательно гаснет. В темноте происходит

движение. Остолбеневшая Элис не сопротивляется, когда кто-то тянет ее назад. Это Чан. Но она не сводит глаз с Хиджуна, уходящего со сцены.

Группа проходит мимо них, и Чан дергает Элис в сторону.

Сон, Чанмин.

Он уже недалеко, идет в гримерку вслед за остальными.

Киха, Санджун.

Толпа снова начинает кричать. Фанатов тоже потрясла эта уникальная песня, но они так и не поняли до конца ни ее смысл, ни посыл.

Осон.

За его спиной Хиджун поднимает голову. В его глазах, погруженных во тьму, видится металлический отблеск. Они смотрят в глаза Элис. Или, вернее, ей прямо в душу. Хиджун проходит рядом, и ее сердце замирает. После этой песни ей кажется, что стоит приблизиться к нему — и она упадет в обморок. Элис знает, что ее глаза сейчас распахнуты, в них читается удивление и боль.

Хиджун.

Он здесь, совсем рядом. Просто пройдет мимо?
Или…»

В ее ладонь скользит чья-то рука, большая и горячая. Элис опускает взгляд. В толпе, окружающей группу, никто ничего не замечает, но Земля замедляет ход.

Во всем мире остаются только он и она, их сомкнутые ладони, переплетенные пальцы. Элис окутывает аромат его парфюма, прямой и открытый, к которому примешивается легкий запах пота, запах танца. Она поднимает глаза, и их взгляды снова встречаются. Он склоняет лицо к ней и молчит. Слова не нужны: он уже все сказал на сцене. Кроме самого главного, пожалуй.

Это длится всего лишь мгновение. Потом рука Хиджуна выскользает, и он уходит, унося с собой частички истерзанной души Элис.

— Сон, та песня была такая красивая.

— Какая? — спрашивает Сон, еще толком не проснувшись.

Элис вертит в пальцах этикетку от чайного пакетика, слишком глубоко осевшего в чашке. После концерта ей кажется, что все было только сном. Нужно больше информации.

— Ну та, последняя.

— А, да. Фанатам она очень понравилась, в соцсетях все только ее и обсуждают.

— Я ни разу не слышала, чтобы вы ее репетировали.

Сон смеряет Элис долгим внимательным взглядом, словно оценивая, но она отводит глаза. Юноша проводит рукой по копне темных волос.

— Ее предложил Хиджун. Можешь представить, как мы все удивились, ведь он обычно не пишет тексты на английском. Но еще больше мы поразились, когда он заявил, что хочет петь соло. Ким сразу же пришел в восторг, но, конечно, о том, чтобы исполнить ее на вчерашнем концерте, не могло быть и речи. Ким считал, что нам нужно намного, намного больше времени, чтобы отточить ее до блеска. Но мы собрались всей группой и, не сказав никому ни слова, работали несколько ночей подряд, чтобы предъявить Киму идеальный результат, поставив его перед фактом. Мы хотели, чтобы он разрешил сыграть эту песню на том концерте.

Элис сглатывает ком в горле.

— Почему?

Сон замолкает. Пауза затягивается, и Элис наконец поднимает на него глаза. Он смотрит на нее еще немного, а потом произносит:

— Потому что мы знали, насколько Хиджуну важно спеть ее именно на этом концерте.

Элис снова шумно сглатывает.

— Почему? — почти шепчет она, чувствуя, как сердце рвется из груди.

— Элис. Думаю, ты знаешь, почему, — веско произносит Сон.

Он встает, одергивает рукава безупречно белого свитера и обходит стойку в центре кухни. Его лицо выглядит осунувшимся после вчерашнего концерта и выматывающего мини-тура. Остановившись возле Элис, он целует ее в макушку, а потом выходит из квартиры, не доев завтрак.

Элис крутит в руках сегодняшний подарок — журавлика из жемчужно-серой бумаги. Она обнаружила его возле своей чашки с кофе: вернулась в комнату за телефоном, а изящная фигурка была уже там. И ни следа Хиджуна.

Устав сидеть в квартире, девушка решила спуститься в чайную комнату и поразмыслить. Она знала, что в это время там будет почти пусто. С собой она прихватила весь бумажный зверинец. Можно было бы попросить помощи у своего лучшего друга Санджуна или у Хэсона — из всех участников группы он ближе всего к Хиджуну. Но пока что она не решается беспокоить ребят: они все ужасно устали.

Так что этим утром Элис одна. Накануне вечером она начала собирать чемоданы. У нее, в общем-то, нет других дел до завтрашнего вылета.

Время пронеслось безумным галопом, и она не смогла ни на секунду уединиться с Хиджуном. Элис не верится, что она испытала нечто настолько сильное — и больше ничего не произошло. Это внутреннее потрясение, ее чувства остались при ней… и все.

Как Хиджун выносит такое? Как он мог упустить мгновение искренности между ними? Порой она злится на него за то, что он навязал ей свой выбор. А иногда его понимает. Как бы там ни было, пока слова не сказаны, ее чувства остаются односторонними. Нужны слова, чтобы поделиться и подтвердить, что другой человек не ошибается. Взглядов недостаточно. Они обжигают, не принося облегчения.

Элис вновь и вновь крутит в руках фигурки из бумаги.

— Элис! Как здорово!

Вздрогнув, она оборачивается. Чанмин, Хэсон, Осон и Санджун стоят у нее за спиной. Ей вдруг хочется быстро спрятать коллекцию, но поздно: ребята уже совсем близко.

Чанмин кладет руку ей на плечо, берет стул и подсаживается к ней. Осон и остальные располагаются вокруг. Санджун задерживается, чтобы оказаться прямо напротив Элис, и странно смотрит на нее. Элис отводит взгляд. Почти с самого начала она подозревала, что он замечал нечто необычное в поведении Хиджуна.

— Ты от нас уезжаешь завтра? — спрашивает Чанмин.

— Да, — тихо отвечает она.

И ее сердце сжимается.

Печаль в ее глазах не ускользает от внимания друга.

— Выходит, тебе с нами было не так уж и плохо?

— Совсем не плохо. Я рада, что возвращаюсь домой, но и здесь было много чудесных моментов. Только кое-кто поначалу обходился со мной грубовато, вот и все, — улыбается Элис.

— Например, Хиджун? — сухо спрашивает Санджун.

Элис бросает на него встревоженный взгляд, а потом отворачивается, игнорируя.

— В любом случае, я очень рада, что познакомилась с вами. Вы просто замечательные. Даже лучше, чем о вас думают фанаты!

— Спасибо, Элис, — смеется Хэсон. — Ты тоже намного лучше, чем о тебе думают фанаты.

Все дружно смеются над слухами о ней, которые ходили с самого начала операции «фальшивая подружка».

— Сон точно будет по тебе скучать, — добавляет Осон. — Конечно, не всегда очевидно, что он тут старший. Но ответственность он принимает близко к сердцу.

— Однажды он закончит карьеру и найдет себе хорошую девушку, — продолжает Чанмин. — Может быть, даже такую, как ты, Элис!

Она улыбается, пожимая плечами.

— Нет, Элис для него слишком с характером. Сону нужна принцесса, которую надо защищать, — авторитетно заявляет Хэсон.

Все согласно кивают. Все, кроме Санджуна. Элис бросает на него встревоженный взгляд. Санджун смотрит не на ее лицо, а на руки, которыми она неосознанно перебирает бумажные фигурки. Он медленно поднимает глаза, встряхивает рыжеватыми волосами, спокойно встает и уверенным шагом огибает стол, подходя к ней с другой стороны. Остальные замолкают, понимая, что происходит что-то важное.

— Чего это ты вдруг, Санджун? — спрашивает Чанмин, удивленный молчанием друга.

Тот не отвечает, спокойно перемешивая фигурки, чтобы расставить их в определенном порядке. Сначала 아, слоненок, потом котенок — 름, журавлик — 다, бабочка — 워…

— Ah-ri-oum-dah-ouo, — тихо произносит он.

— Что это значит? — взволнованно спрашивает Элис, распахнутыми глазами разглядывая животных, выстроенных в ряд.

Санджун кладет руку ей на плечо.

— Это означает «ты прекрасна».

На мгновение воцаряется тишина. Никто не знает, что сказать. Наконец Чанмин спрашивает:

— А разве не ты сделала эти оригами?

— Нет, — отвечает Хэсон. — Их сделал Хиджун. Ты разве не узнаешь?

— Не только он такое умеет. Я думал, это увлечение объединяет их с Элис.

Санджун вздыхает.

— Объединяет их совсем не оригами.

Элис чувствует, что краснеет. Сердце обливается кровью; ее бросает в дрожь. Она растеряна и не знает, что делать.

— Тебе надо пойти к нему, — тихо говорит Санджун.

Девушка мотает головой и признается:

— Когда я последний раз пыталась с ним поговорить, он попросил замолчать.

Хэсон качает головой.

— Мне кажется, Хиджун совершил ошибку. Ему надо было держаться от тебя подальше с самого начала. Но он сам не свой уже довольно давно. Ты должна вызвать его на разговор, Элис. Он не задумываясь пожертвует собой ради нас и, думаю, ради тебя, чтобы ты не страдала. А ведь ты завтра улетаешь. Я его знаю, и если ты уедешь, не поговорив с ним по душам, я не уверен, что он сможет от этого оправиться.

Элис цепенеет на стуле. Она поражена.

«Пойти к Хиджуну?»

Ей так этого хочется. Но нужно ли? Она с самого начала уговаривала себя уважать его выбор. Не слишком ли поздно?

— Вперед.

Она поднимает глаза на Санджуна.

— Вперед, Элис. Хэсон прав. Ты должна поговорить с Хиджуном. Если ты этого не сделаешь, то улетишь завтра во Францию с тяжелым сердцем, а он больше никогда не будет прежним.

— Он у себя в комнате, — добавляет Чанмин.

Тысячи мыслей проносятся в голове у Элис. Сложности поначалу; оригами, постоянно напоминающие о ее чувствах; бар в отеле на Чеджудо, где Хиджун просит ее замолчать, не воплощать в реальность то, что они испытывают. Песня на концерте…

— Элис, честное слово, если ты сейчас не побежишь к нему, я тебя со стула сброшу! — со смехом грозится Чанмин.

«У себя в комнате».

Элис вылетает в коридор. Они все правы. Надо было давно высказать ему то, что у нее на сердце. А теперь они просто потеряли столько времени, которое могли вместе потратить на… она даже не знает, на что. Впрочем, это уже и не важно, ведь упущенные дни не вернуть, да и не было никакого «вместе». Теперь им надо хотя бы честно высказать друг другу все, пока она не вернулась во Францию.

Элис собирается уже толкнуть дверь, как вдруг слышит голос Хиджуна:

— Наконец-то ты выбрался из этой мути.

Он говорит на корейском, но растягивает слова, да и Элис за это время успела подтянуть разговорный язык и выучить много новых выражений благодаря парням.

— А знаешь, мне было даже приятно.

А это уже Сон говорит, посмеиваясь.

— Да ну? — удивляется Хиджун. — Не ожидал.

— Почему же?

— Она все-таки особенная.

Элис задерживает дыхание. Они что, обсуждают ее?

— Да уж, особенная — не то слово, — смеется Сон. — Но это и хорошо.

— Ты так считаешь?

Нотки сомнения в голосе Хиджуна вызывают у Элис смутное неприятное предчувствие.

— Ага. А ты нет? Она знает, чего хочет, не дает себя в обиду. У нее есть характер. И чистосердечие.

— Вот, значит, как.

«Он что, все еще сомневается? Не может быть…»

— Перестань, Хиджун. Все уже поняли, что она тебе ужасно нравится. Не надо убеждать меня в обратном.

— Да, она очень красива, отрицать не стану. Просто я бы не хотел встречаться с такой. В быту с ней будет очень сложно. Мне нравятся девушки помягче.

Сердце Элис разбивается на миллиард ледяных осколков.

Сон не может сдержать удивления.

— Тогда зачем ты это все устроил?

— Что «это все»?

— Хиджун, прекрати! Ты постоянно сверлишь ее взглядом. И ревнуешь! Даже ко мне. А эта песня? Такие слова не напишешь для девушки, которую считаешь просто красивой.

Хиджун сдвигается с места. Элис видит, как его тень перемещается в щели под дверью. Она зажмуривается так крепко, словно потом откроет глаза — и все окажется сном. Только кошмарным сном. Но Хиджун жестким тоном добивает ее последнюю надежду:

— Сон, только не говори, что ты не видишь разницы между вдохновением и реальными чувствами. Да, она красива, но меня скорее отталкивает, если говорить начистоту. И я не ревновал, а беспокоился за группу. В какой-то момент мне показалось, что ты к ней неровно дышишь. И тогда да, я за ней слегка приударил. Решил, что если получится отвлечь ее внимание от тебя, это всем пойдет на пользу. Не вижу в этом ничего плохого.

— Хиджун! Поверить не могу! Это просто… жестоко. И неуважительно по отношению к ней. Должен тебе сказать, что…

Не дослушав фразу, Элис разворачивается и на полной скорости убегает прочь из коридора. Она тяжело дышит, охваченная паникой. Все было ложью. Он просто посмеялся над ней. А пока она изводила себя, он радовался тому, как ловко ее провел.

Элис чувствует себя преданной, грязной. Бесконечно печальной. Взгляд застилают слезы, и она сама не понимает, почему оказывается в квартире, на кухне. В полубессознательном состоянии она хватается за центральную стойку.

— Я смотрю, дела идут неважно. Да, старушка? — раздается насмешливый женский голос.

Обернувшись, Элис видит застывшее лицо Ю, ее картонные локоны и густо накрашенный рот. И как только такой чуткий человек как Сон мог связаться с этой особой, искусственной насквозь? Ей больше подошел бы Хиджун. Оба — фальшивки. Два сапога пара.

При этой мысли волна боли поднимается из груди Элис и подступает к самому горлу. Слезы снова наворачиваются на глаза.

— А я ведь говорила Сону, что наш мир окажется слишком суров для такого хрупкого создания как ты, — ухмыляется Ю, радуясь, что ее соперница совсем разбита.

Но Элис уже наплевать. Пусть это будет на их совести. Она никогда не просила ее так унижать. Это она была им нужна, и они притащили ее на другой край света, чтобы тут растерзать в клочья. Теперь у Элис остается только одна идея. И то, что это подтверждает правоту Ю, не имеет никакого значения.

— Ю, ты можешь мне помочь?

Та поначалу поражается.

— Я? Помочь тебе?

— Уехать. Далеко отсюда. Исчезнуть.

— Но… ты же улетаешь завтра?

— Мне нужно срочно, прямо сейчас.

— Я была бы только рада, ты же знаешь. Но какая мне выгода в том, чтобы помогать тебе испариться на 24 часа раньше срока? Может, лучше будет посидеть в уголке и насладиться твоими страданиями?

Элис пытается придумать веский довод в свою пользу, но не находит. Но оставаться здесь еще хоть на час нельзя, это исключено.

— Я… Я напишу на своей страничке в Facebook, что ушла от Сона, потому что он любит тебя. Пойдет?

Тут Ю переключает все внимание на Элис.

— Ты правда это сделаешь? — прищуривается она.

— Да.

— Прямо сейчас?

— Я…

— Сейчас же?

Элис снова охватывает паника. Она достает мобильник из кармана. Написать такое откровение — значит предать Сона, а он ведь ни в чем не виноват… но уезжать надо срочно.

— Да… как только ты отвезешь меня в аэропорт. И купишь билет до Парижа.

— Это выйдет недешево, — хмурится Ю.

— Я назвала цену.

Несколько секунд Ю взвешивает «за» и «против».

— Тут такое дело… Ким пригласил меня и велел тут его подождать. Не знаю, стоит ли оно того, чтобы его подставлять.

— Стоит, — вместо Элис отвечает Сон.

— Сон!

Элис оборачивается и краснеет как мак.

— Сон, — выдыхает она, — Я не хотела…

— Элис…

Он подходит, заключает ее в объятия и наклоняется к самому уху.

— Элис, мы знакомы не так давно, но ты можешь на меня положиться. Уверен, ты бы придумала, как заставить эту курицу оплатить твой билет, не предавая меня. Не переживай.

— Да, — шепчет она. — Я собиралась отправить логин и пароль лучшей подруге, чтобы она сразу стерла мой пост.

— Я же сказал, не переживай. Я тебе доверяю.

Он нежно баюкает ее. Элис чувствует спиной убийственный взгляд Ю.

— Ты слышала наш разговор с Хиджуном?

— Да, — всхлипывает Элис, сотрясаясь от рыданий.

— Я отвезу тебя в аэропорт и куплю билет. Потому что это я вел себя глупо с самого начала. Ты хороший человек, и не заслуживала такого отношения. Я должен искупить вину. А Ким должен понять, почему я сломался тогда и почему теперь я обязан сказать правду.

Элис чуть отстраняется от него, кладет руки ему на грудь и смотрит в лицо. Волевой подбородок, густые каштановые волосы, мягкий, но решительный взгляд. И почему она не влюбилась в него? Все было бы намного проще.

— Ты уверен?

— Как никогда в жизни. Позволь мне помочь тебе вернуться к тем, кто тобой по-настоящему дорожит.

— Хорошо, — выдыхает Элис.

— Ты мне будешь писать? Рассказывать, как у тебя дела?

— Обещаю…

Слезы снова подступают к глазам.

Все кончено. Она возвращается. Огромное облегчение мешается с жуткой болью. Все кончено. И это хорошо. Все кончено. Она чувствует, что изменилась навсегда.

Но она знает, где сможет восстановиться.

— Я не поеду в Париж, Сон. Если я скажу тебе, где спрячусь, ты же не выдашь меня никому?

Сон приподнимает ее лицо за подбородок и горячо целует в щеку.

— Даю тебе слово.

Глава 8

Хиджун

— Хиджун!

Нет ответа.

— Хиджун! Пошевеливайся, черт возьми!

Сон хватает друга за плечо и трясет.

— Хиджун! Мы пятый раз начинаем танец заново из-за тебя. Все уже устали. Ты можешь хоть немного сосредоточиться?

Хиджун бормочет невнятные извинения и уходит в глубь репетиционной, ближе к зеркалу. Сон не любит проявлять несдержанность, но сейчас он слишком зол, чтобы заботиться о терпимости.

Он считает, что если Хиджун сам загнал себя в яму несколько недель назад, то это его проблемы.

Хиджун вытирает пот, не обращая внимания

на разъяренные взгляды остальных участников группы, и одергивает рукава белой футболки. На левом плече огромная дыра. Джинсы он не снимал уже два дня. Он выглядит убого. И сам это знает. Только ленивый еще не сделал ему замечание. Ким сердится, заставляет его возвращаться и переодеваться каждый раз, когда группа куда-то выезжает.

Но быть оборванцем оказывается так удобно. Это утешает. Оборванец — вот кто он такой с тех пор, как Элис улетела. Пожалуй, сложнее всего то, что Хиджуну не с кем об этом поговорить. Невысказанная горечь разъедает его изнутри. Единственный выход для него — писать песни. Стихи ложатся на кусочки бумаги, которые потом превращаются в крошечных бабочек. Их неподвижные крылья не могут донести до Франции те букеты из слов, которые он составляет для Элис.

Милое солнце, моя ложь убивает меня,
Одиночество лишает сна.
Луна смеется надо мной, ставит палатку у меня в комнате,
Разбивает там лагерь.
Бабочка падает на землю.
Я должен вырвать тебя из сердца,
Пусть этот надрез прервет мои страдания,
Ангел мой,
Ангел мой.
А вот еще один.

Теперь я для тебя всего лишь воспоминание.
Просто лицо, которое понравилось когда-то.
Ты так ничего и не поняла.
Не разобралась в страхах, что снедали меня.

— Как же она могла понять? — бормочет Хиджун себе под нос.

— Ты что-то сказал? — спрашивает Санджун, встревоженно глядя на друга.

— Нет, ничего.

Музыку в очередной раз останавливают из-за ошибки Хиджуна. Остальные участники группы закатывают глаза.

— Хиджун, честное слово! Так больше нельзя! — восклицает Чанмин, швыряя на паркет полотенце, которым только что вытер лоб.

— Да забей ты на этого кретина, — бросает Сон.

— Что ты сказал? А ну повтори, — заводится Хиджун.

Его внезапно охватывает ярость. Он обижен. Обижен на Сона. Обижен на Кима. Обижен на весь мир. Хиджун хватает Сона за ворот и притягивает к себе. Злоба кипит внутри, грозясь вот-вот выплеснуться наружу и затопить все вокруг. Лидер группы, кажется, совсем не удивлен. Он лишь пренебрежительно отталкивает приятеля.

Глаза Хиджуна округляются.

— Тебе нужен анализ текста?

Не говоря больше ни слова, Сон засовывает руку в задний карман Хиджуна, достает оттуда смятого журавлика и ловко отскакивает. При виде фигурки Хиджун просто взрывается.

— А ну отдал! Быстро! Не нарывайся, Сон, — рычит он, бросаясь на лидера группы.

Но тот останавливает его одной рукой и, удерживая на расстоянии, бросает взгляд на крылья журавлика. Остальные стоят вокруг, затаив дыхание, не сдвинувшись с тех мест, где их застало окончание репетиции.

— «Je t'aime[1]». Вот что ты тут написал. Это же французский, да?

— Заткнись, — грозно рычит Хиджун, пытаясь вырваться.

Но Сон держит его крепко.

— Нет, я молчать не буду. Не только потому, что ты нам всем мешаешь работать, что само по себе недопустимо, но и потому, что не могу больше видеть тебя таким. И это полностью твоя вина.

— Не понимаю, о чем ты.

— Неужели? Таких вот оригами у тебя в комнате сотни. Ты даже не пытаешься их прятать. Весь ковер ими усыпан. Ты хоть спишь ночами? Или стараешься внести вклад в уничтожение лесов?

Хиджун выворачивается из хватки Сона. Синие пряди прилипли к вискам, глаза мечут молнии, сердце готово взорваться.

[1]Я тебя люблю (*фр.*)

— Хочешь расскажу, что было утром на пресс-конференции, где я должен был сообщить о разрыве с моей настоящей «фальшивой подружкой»? Так вот, я во всем признался. Выдал правду.

При этих словах Хиджун перестает дергаться. Среди участников группы слышится ропот. Они пораженно смотрят на Сона.

— Что ты сделал? — озадаченно переспрашивает Чанмин.

— Сказал, что Элис — самая замечательная девушка в моей жизни. Что я нее не заслуживаю. Что мы никогда не были парой. Что мы просто дружили, и я совершил ошибку, заставив прессу поверить, что мы с ней встречались. Что это было глупо и что я проявил слабость, пытаясь скрыть свою связь с Ю. Я извинился перед фанатами, перед Кимом. Сделал вид, что он был не в курсе этого плана. В ближайшие недели мне придется разгребать последствия, и, возможно, моей карьере придет конец. Но я обещал Элис быть честным, когда помогал ей покинуть Корею. Я дал слово.

— Когда помогал ей покинуть Корею? — растерянно повторяет Хиджун.

— Да. Накануне отъезда она услышала наш с тобой разговор. Помнишь, когда ты доказывал, что ничего к ней не чувствуешь. Просто приударил слегка, чтобы отвадить от меня. После этого я нашел ее на кухне, в плачевном состоянии. И в лапах Ю к тому же. Тогда я сам отвез ее в аэропорт. Да, я понимал, что многим рискую, но должен был помочь ей сбежать подальше от такого придурка как ты, пока Ю и Ким не выдумали новый безумный план.

— Ты отнял ее у меня! — взрывается Хиджун.

— Я... я ее отнял? И ты винишь меня? Серьезно?!

Сон заливисто хохочет.

— Нет уж, ты сам прекрасно справился с задачей. Отверг ее по-взрослому. Ты хоть представляешь, насколько сильно ранил Элис? Хиджун, послушай. Ты вел себя как идиот всю дорогу. Я прав, парни?

Пятеро участников группы согласно кивают за спиной Хиджуна. Он удивленно поворачивается к ним. «Я что, прозрачный?»

Санджун берет слово.

— Он совершенно прав. Ты оттолкнул Элис, потому что струсил. Не смог принять свои чувства к ней.

Хиджун опускает голову. В глубине души он понимает, что ребята правы. И именно поэтому ему так плохо. Вся эта накопившаяся боль — оттого, что Элис нет рядом; от страха при мысли о том, что он может больше никогда ее не увидеть; а главное — от жгучего стыда за все те моменты, когда ему не хватило смелости прижать ее к себе и во всем признаться.

Сон кладет руку ему на плечо.

— Мне плевать, что Ким будет вне себя. Знаешь, мне даже плевать, что это интервью может положить конец моей карьере. Потому что быть честным с самим собой важнее, чем иметь возможность еще пару лет выходить на сцену. План Кима был хитроумным, но каких жертв потребовало его воплощение! Я ценю рвение нашего продюсера, но на этот раз он зашел слишком далеко. Конечно, мне нужно было набраться храбрости и отказаться от этой идеи с самого начала.

Сон глубоко вздыхает.

— Я многим обязан Элис. Благодаря ее дружбе я вспомнил, кто я такой, откуда родом. И решил отныне никогда в жизни не совершать бесчестных поступков. Да, этот путь будет трудным, но я смогу идти по нему с гордостью. Мое признание предназначалось не только для прессы, но и для тебя. Чтобы ты вышел наконец из оцепенения, в которое себя загнал. Ведь теперь, когда я во всем сознался, ты тоже должен набраться храбрости.

Хиджун смотрит на Сона с непониманием во взгляде.

— Как это?

— Хиджун… Я признался, что между мной и Элис ничего не было. Значит, она свободна. Понимаешь, к чему я веду?

У Хиджуна голова идет кругом. Он не догадывается, к чему клонит Сон. Не решается поверить в то, какие возможности теперь открываются перед ним.

— Ладно, дружище, давай объясню, раз уж ты так тупишь. Если мы с Элис никогда не были вместе как пара, то, может быть, в ее сердце найдется место для другого K-pop артиста… Как считаешь?

Волны обгладывают песчаный берег все сильнее, оставляя за собой пенный след, захлестывая ноги Элис все смелее по мере того, как прилив поднимается выше. Небо чистое, синее.

А сердце Элис затянуто хмурыми тучами.

С самого возвращения она словно перестала различать цвета. Она укрылась в одиночестве в бретонском домике, который старалась сберечь изо всех сил. Теперь все тревоги остались позади, ведь Ким перевел ей деньги по контракту. Можно будет закончить учебу и сохранить семейное гнездышко, наполненное воспоминаниями о родителях.

Элис понимает, что должна быть счастлива, но в ее душе царит пустота, настолько огромная, что иногда кажется, будто она обретает физическую форму. Временами, когда воображение разыгрывается, Элис словно замечает ее краем глаза. У нее мужская фигура, широкие плечи и синие волосы.

Элис попросила друзей ее не навещать, объяснив это усталостью от нелегкого путешествия. Она лишь отправила короткое «я в порядке» в ответ на сообщения Зоэ после пресс-конференции, на которой Сон рассказал обо всем.

В тот момент, впервые за долгие недели, Элис почувствовала что-то похожее на утешение.

«У него хватило мужества. Это хорошо. Я им горжусь».

Элис хотела было отправить ему сообщение, но задержала палец над кнопкой «Отправить». Одна смска — и завяжется разговор, в котором рано или поздно всплывет вопрос «как там остальные?». А к этому она не готова. Потому что среди остальных есть Хиджун.

Девушка встает, отряхивает длинную белую юбку. Пора домой, хотя делать ей там в общем-то нечего. Разве что взять книгу и свернуться калачиком в уголке среди памятных вещей, фотографий родителей, детских игрушек, которые еще попадаются кое-где временами. И попытаться возродить себя понемногу. Не касаясь отдельных воспоминаний, путь к которым теперь ей заказан. Словно в безумной настольной игре жизни ей досталась плохая карта с надписью «Оставьте часть сердца в темнице навечно».

Элис поворачивается спиной к морю и поднимается по извилистой дорожке между дюнами, усеянными пучками травы, полной грудью вдыхая соленый бриз.

Вдруг она замечает, как что-то белое трепещет на земле, в нескольких шага от нее. Элис подходит ближе, наклоняется: зажатый между камнями, крошечный журавлик машет крыльями на ветру.

Сердце Элис пропускает удар. Она растерянно оглядывается: вокруг никого.

Подобрав птичку, она замечает на ней надпись. Этот почерк… слишком знакомый еще со времен поездки в Корею.

Порой чувства ложатся тяжким грузом на сердце того, для кого это ново.

Элис опять изумленно оглядывается вокруг.

«Он здесь».

Сердце предательски трепещет от счастья.

Все не должно быть так просто. Он слишком сильно ее ранил.

Она не может поверить.

Элис замечает еще одну вспышку, чуть дальше, на этот раз ярко-алую. Прибежав туда, она обнаруживает вторую фигурку, прижатую камнями к земле.

Могу твердо сказать, что самой нежной правде порой труднее всего посмотреть в глаза.

Неужели с самого начала Элис была права? Он тоже был слишком напуган, как и она сама? Слишком напуган тем, что было между ними…

Она идет вверх по дорожке к дому, по пути собирая хрупкие фигурки животных, сделанные из бумаги.

Такое сердце, как у тебя — это редкость.
Если я больше тебе не нужен,
твоему будущему избраннику достанется
настоящее сокровище.

Нужен ли он ей до сих пор?

Есть ли у нее вообще выбор?

Ведь с самой первой секунды она уже не совсем принадлежала себе.

Я пришел, чтобы признаться тебе в своих чувствах.
Хотя для меня это не легче, чем
танцевать босиком на битом стекле.

Элис улыбается сквозь слезы. Ее дом уже рядом, у подножия холма. На крыльце перед синей дверью кто-то стоит. И эта фигура — точно не плод ее воображения.

Наверно, ты меня ненавидишь.
Если бы я мог изменить твое отношение к себе,
то постарался бы аккуратно подобрать такие слова,
чтобы ты точно не сбежала от меня.

Элис бежит к нему и, приблизившись, ловит взгляд темных глубоких глаз. Он совсем не такой, как в Корее. Даже на таком расстоянии она больше не чувствует в нем той силы, порожденной желанием защититься от всего вокруг.

Я ни в чем не уверен. Ну и пусть.
Порой нужно просто пойти на все, чтобы спастись от себя самого.

Хиджун.

Элис подходит к нему, улыбается — и все слова извинений становятся лишними. Он распахивает объятия, и она без раздумий приникает к нему, вдыхает грубый аромат его парфюма, впервые чувствует щекой жар его шеи.

Она на своем месте.

И остается там долго.

Пока любопытство не заставляет ее заглянуть в его черно-золотистые глаза.

Если нет больше той яростной силы, что порой грозилась поглотить целиком, а порой удерживала на расстоянии, что же связывает их теперь?

«Неужели это…?»

Хиджун склоняется к Элис. Медленно прихватывает пальцами локон, выбившийся из пучка, и заправляет за ухо. Его рука касается ее щеки, задерживается, спускается к губам. Хиджун очерчивает их большим пальцем, потом прижимает его к подбородку, притягивает ее лицо к своему и наклоняется. Ее губы соединяются с его, такие нежные и жаркие. –

Весь воздух словно разом покидает легкие Элис.

Когда она отстраняется, Хиджун смотрит на нее глубоким взглядом и тихо произносит:

— Элис, я люблю тебя.

Она улыбается ему. В этот миг он не понимает, что вызвало у нее улыбку. Но он спросит об этом позже. Все время мира теперь принадлежит им.

Элис улыбается, потому что знает, что изменилось в глазах Хиджуна.

Теперь в них светится любовь.